希んちの暮らし

佐々木希

はじめに

この本では、いまの私の暮らしや関心事などについてお伝えしています。
20代前半までは正直なところ、体や生活について少し無頓着で、いまほど気を遣っていませんでした。
ですが、ありがたいことに仕事の幅が広がっていき、その意識は変化していきました。
口にするものや体に触れるものが、日々の生活の中でいかに大切かということに気づき、
20代後半は、家族や友人、仕事でご一緒した方々に教えてもらったことをとにかく実践。
何事も自分でやってみないと気が済まない性格なので……
そうしているうちに、自分に向いている方法を少しずつ見つけることができたと思います。

もともと料理は好きで自己流で作っていましたが、そうした20代を経た自分と向き合ったとき、
これまでの〝なんとなく〟の知識だけではなく、その道のプロの方に
基礎からきちんと学んでみたいと思うようになりました。

そう感じ始めたタイミングで、女性誌『ｗｉｔｈ』で「#希んちの暮らし」という連載を
始めることになりました。だしのとり方、常備菜やお弁当作りのコツ、身体をいたわるレシピ、
そして効率的な家事の基本など、いまでもとても役に立っています。
この本ではそれらの学びに加えて、我が家の定番料理や愛用しているものなどもご紹介しています。

これからひとり暮らしを始める方や以前の私のように「なんとなく知ってはいるけれど……」
という方にとっても、発見のある一冊に仕上がったと思います。
この本を手にとってくださった方の暮らしに寄り添う本になれたら嬉しいです。

もくじ

本書のきまり

- 小さじ1＝5mℓ、大さじ1＝15mℓ、1カップ＝200mℓです。
- 電子レンジ、オーブンは型式や機種などによって差がありますので、様子をみながら加熱してください。

レシピ
初公開！

#希んちのごはん
うちの定番メニュー12品レシピ

幼い頃からずっとお料理が大好きです。刻んだり、炒めたり、煮込んだり……献立を考えるところから、すでに私にとってはリフレッシュの時間。基本的には冷蔵庫にあるものを見て献立を組み立てますが、料理のレシピに合わせて買い物に行くこともあります。冷蔵庫をのぞきながら「何を作ろう？」と考えることがとても幸せ。料理中は髪をまとめ、エプロンを装着。それが私の料理モードへのスイッチです。

イチから作るおかずは、だいたい2～3品。そこに作りおきしている料理やお漬物などを足して、栄養バランスや彩りを整えます。

20代後半頃から健康であることはもちろん、美容に関しても、内側からキレイにすることが大切だと気付かされました。食が体を作るので、栄養バランスはとても重要。

仕事柄、脂やカロリーをおさえたヘルシーな料理が基本の我が家。そんな私がよく作る、定番メニュー12品をご紹介します！

1

ヘルシー豆腐ハンバーグ

2

豚ひき肉と大根の煮物

3

ごぼうとピーマンのピリ辛きんぴら

4

かぶとクレソンのナムル

5

トマトとズッキーニのマリネ

6

セロリの梅肉和え

7

枝豆の薬味漬け

8

特製味玉

9

豚バラ肉のオーブン焼き

10

まるごとアクアパッツァ

11

ラタトゥイユ

12

トマトカレー

＋ みずの油炒め
おまけレシピ

簡単おそうざい

料理は毎日のことだからこそ、すぐに作れるメニューが一番！　数ある定番料理の中でもスペシャルなお気に入り8品をご紹介します。

1

ふわふわな口当たりにほっとする

ヘルシー豆腐ハンバーグ

一言memo!
我が家の鉄板!
タンパク質、
カルシウムなど
身体に良いもの
ばかりです。

材料　(2名分)

A
- ・木綿豆腐　1/2丁
- ・鶏ひき肉　80g
- ・味噌　小さじ2

- ・玉ねぎ　1/4個
- ・サラダ油　小さじ2
- ・大根おろし　お好みで
- ・しらす　お好みで
- ・大葉　お好みで

※豆腐は水切りしておく

作り方

1. 玉ねぎはみじん切りにする。
フライパンにサラダ油少々(分量外)をひいて熱し、
みじん切りにした玉ねぎを透き通るまで炒める。
2. ボールに粗熱のとれた❶とAを入れ、手でよく混ぜ合わせる。
2等分し、楕円形にして中央部を軽く押さえる。
3. フライパンにサラダ油をひき、中火で熱し、❷を並べる。
2分焼いてから裏返し、蓋をして弱火で8分焼く。
4. 大葉をしいた皿にとり、お好みで大根おろしとしらすを
盛りつけ、ポン酢(分量外)などをかける。

希一言memo!
たくさん作り、
カレー味にしたりして
味に変化をつけることも!

しょうががほのかに香る優しい味

2 豚ひき肉と大根の煮物

材料 (2名分)

・大根　10㎝分
・豚ひき肉　50g

A
・だし　カップ2(和風だし)
・醤油　大さじ2
・酒　大さじ1
・砂糖　大さじ1
・しょうが　1かけ(千切り)

作り方

❶ 大根の皮をむき、縦に4等分して、乱切りにする。
❷ 鍋に①を入れ、大根がひたひたになるまで水を入れて強火にかける。沸騰したら弱火にし、大根が透き通るまでゆで、ざるにあげる。
❸ お湯を捨てた②の鍋にAを入れて沸騰させ、豚ひき肉を入れて菜箸でかき回す。アクが出てきたらとる。大根を鍋に戻し、蓋をして大根が柔らかくなるまで弱火で15分煮る。

一言memo!
身体を調整したい時、
冷蔵庫内の
ヘルシー材料で作ったら
すごく美味しくて
殿堂入り!

3

きんぴら好きの私の定番!

ごぼうとピーマンのピリ辛きんぴら

材料 (2名分)

- ・ごぼう　1/2本
- ・ピーマン　2個
- ・しらたき　120g
- ・ごま油　小さじ2
- ・唐辛子　1本(輪切り)
- ・醤油　大さじ2
- ・紹興酒　大さじ2
- ・白ごま　適量

作り方

❶ ごぼうの皮をたわしで洗い、5cm長さに切り、縦に薄切りにし、さらに細く切る。ピーマンは縦半分に切り、細く切る。

❷ しらたきは下ゆでをしてアクを抜く。長ければ切っておく。(しらたきはアク抜き不要のタイプがおすすめ)

❸ フライパンにごま油と唐辛子を入れて中火で熱し、❶と❷を加えて炒める。

❹ ❸に火が通ったら、醤油・紹興酒を加えて水けがなくなるまで炒め、最後にごまをひねりつぶしながらふる。

4 どんな料理にも合うさっぱりとした一品 かぶとクレソンのナムル

一言memo!

この組み合わせが大好き♡
一品目に、これを
ささっと出します。

材料（2名分）

- かぶ　2個
- クレソン　1把
- 白ごま　適量
- A
  - ごま油　小さじ2
  - 鶏がらスープの素　小さじ1/2
  - 塩　適量

作り方

❶ かぶはくし形切りにする。
クレソンは3cm長さに切る。

❷ ビニール袋にAと❶を入れ、
しんなりするまでもみこむ。
ごまをひねりつぶしながらふる。

5

香ばしいズッキーニが味わい深い

トマトとズッキーニのマリネ

一言memo!
ズッキーニを一度焼いておく、
そのちょっとしたひと手間が
美味しくなるポイントです!

材料 (2名分)

- ズッキーニ　1/2本
- ミニトマト　10個
- ゆでえび　6尾
- A
  - 玉ねぎ　1/4個(みじん切り)
  - 酢　大さじ2
  - オリーブオイル　大さじ2
  - 塩　適量
- バジル　適量

作り方

❶ ボールにAのマリネ液を合わせておく。

❷ ズッキーニを1cm厚さに切り、
フライパンに油少々(分量外)をひいて熱し、
両面を焼き目がつくまで焼く。
ミニトマトは半分に切り、えびは殻をむく。

❸ ❶に❷を入れ、混ぜ合わせる。
最後にちぎったバジルの葉を加え混ぜる。

材料（作りやすい分量）

- セロリ　1本
- 梅干し（甘くないタイプで、塩だけで漬けたもの）　1個
- ごま油　適量

作り方

❶ セロリの筋をとり、麺棒などで軽く叩いたら、食べやすい大きさに切る。
❷ 梅干しの種を外し、実を包丁で叩く。
❸ ❶と❷を和える。器に盛り、ごま油をひとたらしする。

6 あと一品！という時にすぐ作れる セロリの梅肉和え

希一言memo!

食卓に彩りが欲しいとき
セロリが大好きな私は
ささっと和えて、
この一品を作っています。

薬味に放り込んでおけば出来上がり

7 枝豆の薬味漬け

材料（作りやすい分量）

・枝豆　200g

A
・大葉　2枚（みじん切り）
・長ねぎ　4cm分（みじん切り）
・しょうが　1かけ（みじん切り）
・みょうが　1個（みじん切り）
・ごま油　大さじ2
・酢　大さじ3
・醬油　大さじ2
・砂糖　小さじ1

作り方

❶ ボールにAを合わせておく。
❷ フライパンに約3cm高さまで水を入れて火にかける。沸騰したら枝豆を入れ、蓋をして中火で4分蒸す。
❸ ②をざるにあげ、①に入れて混ぜ合わせ、冷蔵庫で一晩寝かせる。

杯一言memo!

お酒に合うし、
作っておくと
小腹がすいたときにも♡
その日にある薬味を
合わせれば大丈夫です。

ジップ袋に漬けておくだけ！

8 特製味玉

麺類に足したり、
サラダにのせたり
そのまま おつまみとして一品にも。
味玉ちゃん があると
助かるんです！

memo!

材料（作りやすい分量）

・卵　6個

A
・醤油　カップ1/3
・みりん　カップ1/3
・水　カップ1/2
・だし用昆布　5㎝

（Aを耐熱容器に入れ、電子レンジで40秒加熱する）

醤油、みりん、だしの代わりに、
〝味どうらくの里〟(P26)でもOK!

作り方

❶ 鍋に湯を沸かす。冷蔵庫から出したての卵をそっと鍋に入れ、中火で6分加熱する。
❷ ①を熱いうちにスプーンなどで軽く叩いてひびを入れ、冷水にとる。しばらくおいてから殻をむく。
❸ ジッパー付き袋に②を入れてAを注ぎ、空気を抜いて閉める。冷蔵庫で一晩寝かせる。3日間保存可能。

焼くだけ一品料理

一見難しそうに見える上に、とても華やかなオーブン料理。
実は、合わせてオーブンに放りこんでおけば出来上がってしまう
お手軽さ！ うちのパーティーメニューを2品紹介します。

材料（作りやすい分量）

・豚バラ肉　500g（常温に戻す）
・小玉ねぎ　4個
・ごぼう　1/2本
・紅芯大根　3cm分
・にんにく　2かけ（つぶす）
・塩、こしょう　各適量

作り方

❶ オーブンを210℃に温めておく。
豚バラ肉の全面に、塩・こしょうをしっかりふる。
❷ 小玉ねぎは皮つきのまま半分に切り、ごぼうは
乱切りにする。紅芯大根は3cm角に切る。
❸ 耐熱皿などに②とにんにくを並べ、その上に
①を脂側を上にしてのせる。
❹ ③をオーブンで30〜40分焼く。
脂がきつね色かつカリカリになれば完成。
＊お好みで焼く前にハーブソルトをふったり、
ローズマリーの葉を添えても美味しい。

ホームパーティーで大活躍する華やかさ

9 豚バラ肉のオーブン焼き

希一言memo!
野菜を切って敷き詰めたら
肉をのせてオーブンで焼くだけ!
根菜、きのこ、
何で作っても相性◎

10 食卓に出すと歓声が上がる一品 まるごとアクアパッツァ

材料 (2名分)

・小さめの鯛　1尾
（買う時に鱗と内臓をとってもらう。
なければ鯛の切身2切れでもOK）
・あさり　150g（砂抜きしておく）
・ブロッコリー、パプリカ、キャベツなど
（食べやすい大きさにカット）
・トマト　1個（くし形切り）
・にんにく　1かけ（みじん切り）
・白ワイン　カップ1
・ローリエ　1枚
・塩　適量
・白だし　大さじ1
・オリーブオイル　大さじ1

奈一言memo!

他の魚でも代用可能です。
カジュアルな時には、
スズキやたらなどの白身魚の切身でも。
エビやイカでもよく作ります。
野菜はお好みのものでOK!

作り方

❶ フライパンにオリーブオイルとにんにくを入れ、中火で熱する。
❷ ①から香りが立ってきたら鯛を入れ、
その上に残りの具材すべてをのせ、調味料類を加える。
蓋をして弱めの中火で15分蒸し焼きにする。

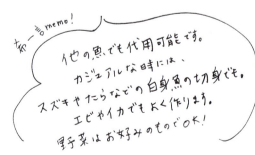

味に飽きないように

残りのアレンジも得意！

希一言memo!

ここに書いた材料以外に
冷蔵庫に余った
野菜も入れちゃっています！

11 ラタトゥイユ

材料（2名分）

・玉ねぎ　1/2個
・ズッキーニ　1本
・なす　3本
・トマト　3個
・にんにく　1かけ（みじん切り）
・ローリエ　2枚
・オリーブオイル　大さじ1
・野菜だしor
　コンソメキューブ1個
・塩　適量

作り方

❶ 野菜を3cm角に切る。
❷ 鍋にオリーブオイルと
　にんにくを入れて中火で熱し、
　香りが立ってきたら、玉ねぎ、
　ズッキーニ、なすを加えて炒める。
❸ 野菜がくたっとしたら
　残りの材料を加え、
　蓋をして弱火で途中
　かき混ぜながら30分煮る。

アレンジ

ラタトゥイユに「カレーの壺」を
味をみながらお好みの
分量加えると、トマトカレーに。
水を加えるとミネストローネに
なります。

↓

＼翌日はカレーに
アレンジしたりも！／

12 トマトカレー

これでアレンジ！

カレーの壺　ミディアム

18種類以上のスパイスやハーブ、
香味野菜から作られたカレー調味料。
飽きた時はこれを投入するだけで、違う一品に大変身します。

秋田、母の味

私の故郷である愛する秋田、愛する母。
この2つのキーワードが私の食卓を作っています。

私が作る料理の根底には秋田と母の味がおだしのように染み込んでいます

母の味として思い出すのは、煮物、五目ご飯、辛子きゅうり、みずの油炒め……。今でも我が家の食卓によく並んでいる献立ばかり。万能な〝味どうらくの里〟は常に冷蔵庫にスタンバイしているし、お米はもちろん、あきたこまち！　秋田愛は増す一方（笑）。

味付けは、母の味を真似て作っています。私の母はとても料理が得意なので、母の味に少しでも近づけるといいなと思っています。今でも母には味付けだけでなく、野菜の切り方や細かいひと手間、コツを教えてもらい、その度に「やっぱりすごい！」と思います。料理だけでなく掃除のコツやちょっとした知恵も教えてもらえるので、私の先生みたいな存在です。

みず

秋田県民に最も馴染みが深い山菜。アク抜きせずに食べられる珍しい山菜。粘りが特徴で、味にクセがなく、おひたし、炒めもの、煮物、天ぷらなどどんな料理にも使いやすい。
＊秋田以外では手に入りにくい食材ですが、もしみつけたらぜひ買ってみてください。

物心つく前からずっと食べている母の味

みずの油炒め

希一言memo!

手間はかかるけど、
すごく美味しいから
下処理も
がんばっちゃうんです。

材料

- みず　1把
- 醤油　大さじ2
- みりん　小さじ2
- 酒　大さじ1
- 砂糖　小さじ2
- ごま油　小さじ2
- 唐辛子の
  輪切り　少々

下処理の仕方

❶ 葉と先端の細い部分を取り除く。
❷ 表面の筋を葉の付け根から引くようにしてとる。
筋は全てとらなくてもOK。
❸ ひとつまみの塩を加えた熱湯に入れる。
❹ 色が薄い赤から緑に変わったら、水にさらす。

作り方

❶ 下処理をしたみずを4cm長さに切る。
❷ フライパンにごま油をひいて中火で熱し、みずを炒める。
全体に油が回ったら調味料類をすべて加え、さっと炒め合わせる。

お米がないと
生きていけない!

よく食べるお米には、こだわります

秋田生まれだからか、お米が大好き。よく食べるからこそ美味しく炊きたいので、
炊き方と銘柄にはこだわりがあります。お米といえば思い出すのは、
幼い頃、食欲がない時に母が作ってくれた小さな塩おむすび。
小さな愛らしいサイズ感と、ぎゅっとこもった愛情でとても美味しかったです。

ふっくらもちもち
美味しいお米の炊き方

❶ 計量

お米と水のバランスはとても大事！　計量カップできっちりと。すりきり一杯で1合分（約150g）です。

❷ 洗米

2回目〜

水がほとんどない状態で
米粒をすり合わせるように研ぐ

1回目

ざっとかき混ぜ、
すぐ水を捨てる

最近のお米は精米機の精度がいいので、米ぬかの付着が少ないため力を入れる必要はなし。手早く優しく研ぐことで、べたっとするのを防ぎます。お米によってベストな回数は違いますが、10回くらいを目安に。

❸ 吸水

予約吸水タイマーで
10〜60分を簡単に
設定できます

水加減でご飯の美味しさが左右されるので、吸水時間は大切。一般的に夏なら30分、冬は約2時間。炊飯ジャーに合わせて決めましょう。

❹ 炊飯

いつもの設定はこれ

ねばり加減は「普通」を選ぶことが多いです。この炊飯ジャーはおこげモードや玄米、おかゆなど炊き分けも選べます。

❺ 炊き上がり

蒸らすことで、ご飯粒の水分を均一に。粒を潰さないように釜底からほぐします。

愛用しているのはこの炊飯ジャー

お釜から出せば
食卓に置ける
土鍋に！
蓋もついてる！

タイガー<GRAND《グラン》 X《エックス》>シリーズ
土鍋圧力IH炊飯ジャー<THE 炊きたて>

もちもちに炊きあがるので、この炊飯ジャーが必要不可欠！

新素材の「プレミアム本土鍋」＋「つや艶内ふた」＋「高温蒸らし」のトリプル効果で、米粒の間に残る余分な水分を飛ばし、甘みを凝縮して香りを引き出してくれるので、本当の土鍋で炊いたような味わいに。ご飯のねばり加減を5段階に調節できたり、“土鍋のおこげ”が味わえる3段階の火加減調節機能も。蓋つきなので食卓にそのまま出せて便利！　土鍋圧力IH炊飯ジャー〈THE炊きたて〉JPG-X100 5.5合炊き／タイガー 魔法瓶

いいお米の選び方は？

収穫した11月から翌年10月までのお米は「新米」と呼ばれます。銘柄によって甘み、粘り気、硬さなど、全く違うので、色々試して自分の好みを探してみてくださいね。

冷凍のコツは？

炊きたてを冷凍すると風味が持続します。冷凍する時はできるだけ平らにして、優しくそっとラップで包みましょう。

保存方法は？

温度、湿度が低く直射日光が当たらない場所がベスト。野菜室保存をすると、炊きたての美味しさが持続します。

硬くなってしまった時はどうすればいいの？

ご飯の水分が蒸発してしまうことが硬くなる原因。お酒を少しふって電子レンジで温めたり、蒸し器で蒸すことでふっくらとしたご飯に復活します。

このお米を炊きました！

秋田県産 あきたこまち

地元である秋田愛が深い私は、あきたこまち一筋！　時々違う品種のお米も食べますが、結局はあきたこまちです♡

希んちのキッチンを大解剖！

実は、きれいにしていないと落ち着かないので
冷蔵庫の中も整っていないと気になってしまいます。
今回はアップデートしながら出来上がった、
私の冷蔵庫の定位置や常備品を初公開します。

愛用の冷蔵庫は両開き!

冷蔵庫の中身を再現!

冷蔵庫にあるもので料理をすることが多いので、常備菜や調味料、作りおきを中にしっかりストック。それぞれ置き場所も決まっています。

左ドア

目薬、湿布、パックなど食べ物以外が入っているところ

調味料二軍

- マヨネーズ
- ソース
- ケチャップ
- 入れ替え前のストックの大きい醤油など

左ドアのスペースには、一軍よりも出番が少ないものの「二軍」として必要不可欠な調味料類をイン。

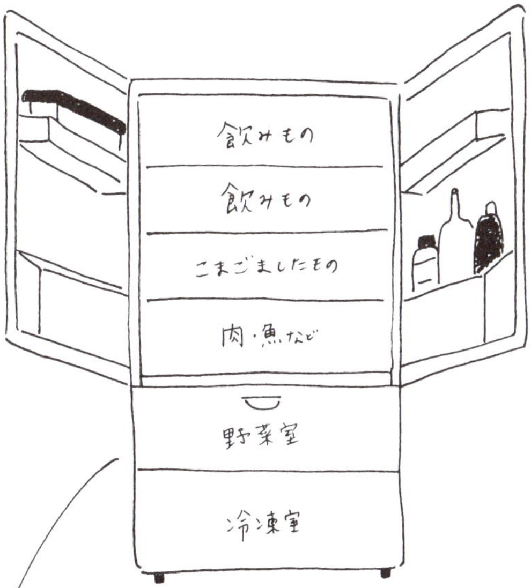

右ドア

調味料一軍

- 味どうらくの里(めんつゆ)
- 玉姫酢
- 紹興酒
- 七味唐辛子
- 小さい容器に入れ替えた醤油

右ドアのスペースは一番よく使うお気に入りの調味料が入っているコーナー。こだわりのものは次のページでご紹介します!

常備野菜

薬味は欠かせません!

2個以上は必ず!

レモン

レタス

ほうれん草

きゅうり

かぶ

トマト

なす

ピーマン

ないと不安になるくらい

ねぎ

みょうが

しょうが

常温野菜はカゴに入れて収納!

Oisixユーザーです

スーパーでもお買い物しますが、産地や品質などを簡単にチェックできるオイシックスで常備野菜を購入しストックしておくことも。

北海道産有機大豆使用蒸し大豆

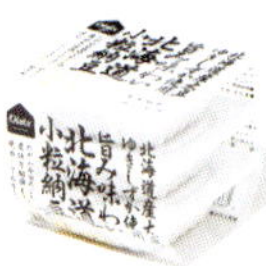

【小粒】旨み味わい北海道納豆

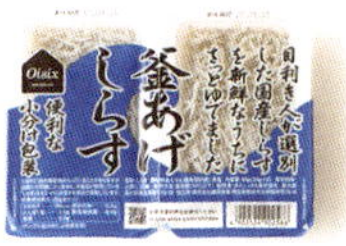

築地目利き人選別釜あげしらすツインパック

その他

- 納豆
- 味噌
- 卵
- 豆腐
- フルーツ
- 作りおき

こだわりの調味料

新鮮な食材と美味しい調味料があれば、お料理はほぼ成功！　いろいろな場所で出会ったり教えてもらったりした、愛用の精鋭たちを紹介します。

c. 山清の鬼からし

f. 鳥寛のしゃぶしゃぶ
ごまだれ

g. 八幡屋礒五郎の
七味唐からし

d. 小玉醸造の
特撰味噌なまはげ

a. 東北醤油の
味どうらくの里

b.
馬路村農協の
ぽん酢しょうゆ　ゆずの村

i. レピス・エピスの
スパイス
(左からピンクペパー、
クミン)

h. 茅乃舎の茅乃舎減塩だし・野菜だし

c.
京都 北野・齋藤
造酢店の玉姫酢

g. 奥深い辛味と風味の大ファンです。うどんや蕎麦、とん汁や焼き鳥など、どの料理にもマッチします。七味の他に一味も愛用。

h. 野菜だしはコンソメ代わりに。減塩だしは、急いでいる時にはご飯にかけてお醤油をたらし、ふりかけとしても。／久原本家(茅乃舎)

i. ギフトでいただいて、試験管のようなデザインに一目ぼれ。色々買ってみて試すのが楽しみ。／レピス・エピス(ワイルドカード)

d. 秋田といえばこれと思う人が多いはず!! 母もずっと昔から使っているので、これが母親の味。この絵もまた愛らしいんです。

c. 砂糖と混ぜてきゅうりを1日ほど漬けるとすごく美味しいんです！　山清のホームページに作り方がのっているのでぜひお試しを。

f. 濃厚な白胡麻の旨みと香り。友人の家に遊びに行った時にハマり、それ以来常備して、我が家のしゃぶしゃぶ鍋に欠かせません。

a. 幼い頃から家に必ずあるので、ないと不安。1.8Lサイズを常備していて、いろいろな料理に愛用。これだけで味が決まるんです。

b. ぽん酢はいつもこれです。豆腐や魚、肉料理、野菜にも。たこ焼きなどの粉物にもぴったり。なんにでもかけちゃいます！

c. たまちゃん(P56)にいただいて以来使っています。味が丸く、まろやか。酸辣湯麺にお酢を追加するくらい、お酢が大好き(笑)。

おもてなしをする時などに便利なもの

急な来客にも焦らないよう、
おもてなしアイテムを家に常備しておくようにしています。
すごく喜んでいただけたものはリピートします。

j. 秋田の日本酒とナチュールワイン

l. H&F BELXのプレミアムピュアルイボスティー

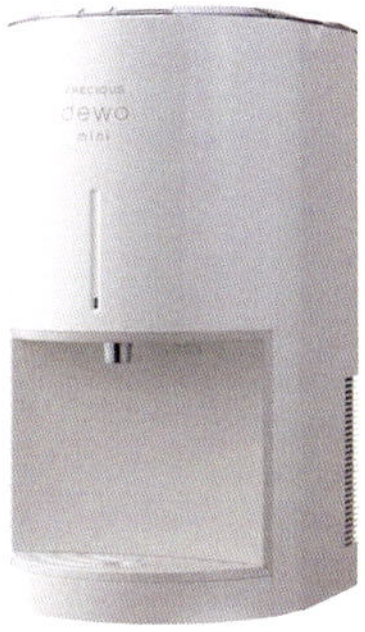

n. ウォーターサーバー FRECIOUS dewo mini

m. 佐藤養助商店の稲庭うどん

k. 伊藤食品の美味しい鯖水煮

q. 自家製梅酒

p. たかむら麺とつゆ

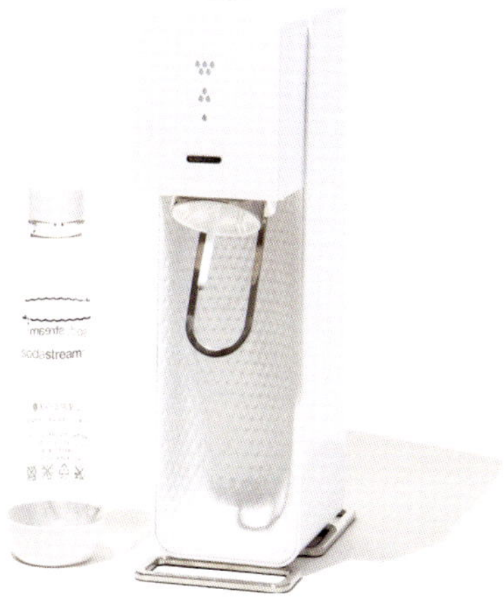

o. 炭酸メーカー ソーダストリーム

n. シンプルなデザインと使い勝手の良さが◎。家電はレビューをじっくり読んで購入。／フレシャス

o. 何年も愛用していて我が家に欠かせません。炭酸はキツめが好み。おもてなしではお酒のソーダ割りに活躍。

p. 秋田でよく伺う、日本料理たかむらさんのオリジナル麺とつゆのセット。独特の食感がやみつきなんです。

q. 母が作っていたので、結婚、出産した年、それぞれ記念の梅酒を私も漬けました。いつか子どもと飲むのが夢。

j. 右／「亜麻猫」スパークは、誰もが喜んでくれるのでお取り寄せ。左／ナチュールワインは毎回お店の人に聞いて。

k. このまま食べたり、煮物のだし代わりにしたり。大根と煮込むだけで美味しいんです。

l. 夜でも飲めるノンカフェイン。自宅では専用のタンブラーに入れて飲んでいます。

m. つるつるっと喉越し良く、常備しています。お鍋の締めに投入することも。

いきなりのお題にガチで応えてもらいました!!

もしも、友人が突然遊びに来ることになったらどうおもてなしする？

お客様が来る時もまずは冷蔵庫にあるものをチェック！　冷蔵庫の中のものだけでは足りないな〜という時は、スーパーへ。この撮影日は〝リアルドッキリ〟で「友人が突然遊びに来るとしたら、何を作る？」というお題をもとに、制限時間30分の買い出し。そこで買ったものを使って、実際に作りました。ドキドキしたけれど、楽しかった！

スーパーの買い出しに密着！

制限時間は30分！

START!

制限時間30分に、緊張気味の希。「急がなきゃ！」と大慌て。

「あれ？　紹興酒はどこかな？」迷いながらも色々な食材に目を奪われてキョロキョロ。

紹興酒発見！

「日頃使っていない調味料を見つけると、試してみたくなっちゃいます」

彩りに
役立ちそう

サラダは作りたいな〜

野菜は欠かせないので、多めに選びます。

紫キャベツや紫玉ねぎは、テーブルを
彩ってくれるので必要不可欠！

調味料選びは慎重に。「定番か冒険するか迷うところです」

いちごも
買っておこう！

「デザートにしてもサラダに入れてもいいし、一応
買っておこうかな」いちごもかごの中に。

「パクチー大好き！　友人もパクチー好き
な人が多いんです」見つけて満面の笑み。

Let's
Cook!

START!

11:00

まずは蓮根と
鶏の肉だんごから
スタート!

蓮根はシャキシャキの食感を残したいのでみじん切りとすりおろしの両方を投入!

ギュギュっと!

すりおろした蓮根の水分はぎゅっと絞って水けをカットしておきます。

中身は
こんな感じだよ

大葉はたっぷりと。飾り用と肉だんごに入れる用の両方を千切りに。

ボールに材料を全て入れます。ここで紹興酒も入れるのがポイント。

投入!

みじん切りの蓮根もお忘れなく! 多めに入れると歯ごたえが増すのでおすすめ。

サイズは少し
大きめに

大きさはその日の気分で。おもてなしの時は大きめに作ると見栄えがいいんです。

両面に焦げ目がついたら、水を入れて蓋をして蒸し焼きにします。

肉だんごを焼いている間にブロッコリーを食べやすいサイズにカット。

紫キャベツはテーブルに彩りを添えてくれるので、おもてなしにピッタリ。

大好きなせいろで蒸しちゃう

ブロッコリーは愛用のせいろで蒸します。硬めに蒸すのがポイント！

ブロッコリーにマヨネーズ、塩、こしょうを入れて混ぜるだけ。どんな野菜でもOK。

サラダの味見。マヨネーズが濃くならないよう味見しながら味を調整します。

最後に作るのはパクチーサラダ

私が大好きなパクチー！　パクチーの根元もみじん切りにして入れ、香り付け。

最後の仕上げ♡

肉だんごに熱々の甘酢あんをかけて、その上に大葉を飾ります。

11:45

カメラの前で緊張したけれど、4品が出来上がり！　やっぱり料理は楽しい！

テーブルデコレーションをして完成

1時間ほどであっという間におもてなしのテーブルが完成。「来客の時は、まず和洋を決めます。それからメインを考え、それに合わせて3品くらいを組み立てていきます。その時に考えるのは栄養バランスと彩り。大皿でお出しして、各自が取り皿に好きなものをとっていくスタイルが定番です」

フラワーは秋田の
GRANDMAさん！

花や花器もテーブルを彩る大切な存在。お花は信頼のおけるスタイリストのMAIKOさんのお店、秋田のGRANDMAさんにお願いして定期的にその季節のものをお取り寄せしています。

蓮根と鶏の肉だんご

すべて3〜4人分です!

材料

- 蓮根　1個
- 鶏ひき肉　400g
- 卵　1個
- しょうが　1かけ
- 大葉　20枚(2束)
- A
  - 醤油　小さじ1
  - 紹興酒　大さじ1
  - ごま油　大さじ1

【甘酢あん】

- B
  - 紹興酒　大さじ1
  - 味どうらくの里　大さじ2（P26参照・めんつゆでも可）
  - 酢　大さじ2
  - ケチャップ　大さじ1
  - 水　大さじ1
- 水溶き片栗粉　小さじ2

作り方

❶ 蓮根は半分に分けて、一方はすりおろし、もう一方は食感を出すためにみじん切りにする。すりおろした蓮根は水分が出るので、ギュッと絞って水けを切る。
❷ 大葉はすべて千切りにし、飾り用に半分とっておく。しょうがはすりおろす。
❸ ボールに①②と鶏ひき肉、卵、Aを入れ、よく混ぜ合わせる。
❹ 手のひらで一口大のだんごにする。平べったくしたほうが火の通りが良い。
❺ フライパンにごま油大さじ1(分量外)をひいて熱し、少し焦げ目がつくまで両面を焼いたら水少々を加え、蓋をして中火で蒸し焼きにする。
❻ 肉だんごを取り出したフライパンにBを入れて中火で温め、少しずつ水溶き片栗粉を足してとろみをつける。
❼ 肉だんごを器に盛り、⑥のあんをかける。飾り用の大葉をのせて出来上がり。

ブロッコリーと卵のサラダ

材料

- ブロッコリー　1個
- 卵　5個
- 紫玉ねぎ　1/2個
- マヨネーズ　大さじ5
- 塩　少々
- こしょう　少々

作り方

❶ 卵をお湯から7分半ゆでる。
❷ ブロッコリーを食べやすいサイズに切り、蒸し器で少し硬めに蒸す。
❸ 紫玉ねぎは薄切りにし、水にさらす。水に塩(分量外)を入れてもむと、早くしんなりする。
❹ ゆで卵は殻をむき、ボールに入れてフォークでつぶす。
❺ ②と水けを絞った③を④のボールに入れ、マヨネーズ、塩、こしょうで和える。

パクチーサラダ

材料

- パクチー　1束
- にんじん　2/3本
- 紫玉ねぎ　1/2個
- レモン　1/2個
- ナンプラー　小さじ1
- カシューナッツ、松の実　少々
- 塩、糸唐辛子　各少々

作り方

❶ にんじんと紫玉ねぎは千切りにする。
❷ 塩を入れた水に①を入れてもみ込む。
❸ パクチーは食べやすいサイズに切る。根元はお好みでみじん切りにして入れても◎。
❹ 水けを切った②と③にレモンを絞り、ナンプラーを加え混ぜる。カシューナッツと松の実、糸唐辛子をトッピングする。

酢キャベツ

材料

- 紫キャベツ　1/4個
- 酢　大さじ4
- 砂糖　少々
- ごま　少々

作り方

❶ 紫キャベツを千切りにする。
❷ ①に酢と砂糖を加えて手でもみ込む。
❸ ひねりつぶしながらごまをふる。

希んちの暮らしの道具－1

家で過ごす時間が増え、暮らしまわりの道具への愛がさらにパワーアップしています。器、キッチンツールなど、自宅では愛するものに囲まれていたいけれど、物が増えるのは苦手なので、暮らしまわりの道具を買う時は、すぐ飛びつかずに友人に聞いたりネットで調べたり、よく吟味しています。

器類

器を手にとり、ここに何を盛りつけよう？と想像する時間も幸せ。気に入った器はお客様用も合わせて買うようにしています。

秋田県産の曲げわっぱ

円型はご飯を炊いてお櫃代わりにテーブルに出すことも。余分な水分をとってくれて、冷めても美味しさを保ってくれるんです。BBQやピクニックにも大活躍しています。

ギフトで頂いた茶器

普段は日本茶を飲む時に使っていますが、香りがとても良いので、白湯を飲む時にもぴったりです。美味しく飲めます。秋田のものというだけで、愛おしさが増すんです。

THE COVER NIPPONで購入した酒器

ここでよくギフトを買うので、ちょくちょく覗いています。この日本酒セットは、手に持った時の手触りがとても良かったので購入。日本酒がさらに美味しく感じられます。

江戸切子のグラス

お祝いにいただいた切子のグラスは、ガラスの細工が眺めているだけで嬉しくなる美しさ。冷酒や梅酒を楽しむのにピッタリ。こうした贈り物は、新鮮で嬉しいものです。

KEYUCAのお椀

日々使うものなので、薄くて軽いお椀を探していて、手に持った時、なめらかだったので即決でした。お味噌汁用に活躍しています。ちなみに、お味噌汁は具沢山派です。

withの撮影で「KOKORO」に伺った時に購入しました。小ぶりなサイズ感がちょうどよく、蕎麦やうどん用に使うことも。

よく覗いている「アコメヤトウキョウ」で買いました。軽くて手触りが良いので、取り皿用に多めに用意しています。

「ヒカリエ」で母とお揃いで買ったこのお皿は、デザインがシンプルで、少しだけ深さがあるので使い勝手が良く、重宝しています。

京都の清水寺近くで買った清水焼。犬を飼っているので犬モチーフには目がなく、この愛らしさに惹かれました。

withの撮影で訪れた京都で、この柄に一目ぼれしてヘアメイクさんと一緒に購入。足つきのお皿は特別感があるんですよね。

細長い器って実は便利。この器はおかずを数種類盛りつけても絵になるし、さんまなどの長い魚や卵焼きにもピッタリです。

「KOKORO」で買った器は何を盛りつけても相性バツグン。深さがあるので、特に煮物やおひたしなどのおかずに使っています。料理をとても美味しそうに見せてくれるのが良い。

WEBで購入した波佐見焼の器。重ねて収納できるので場所をとらずとても便利。白い方を特によく使うので、改めて白は便利だと再確認。他のサイズも揃えていく予定です。

藤木直人さんから結婚祝いでいただいた器。漆器なのですごく軽く、サイズが大きいのでおもてなし料理に大活躍しています。

親戚からプレゼントされたイタリアの食器は、意外と和洋どちらにも合うので、サイズ違いで揃えて使うことが多いです。

仕事でお世話になった村田邦彦社長が作られたお皿。いくつかいただいた中でもこれがお気に入り。とても大切にしています。

Astier de Villatte Collection

ギフトでいただくことも多いのですが、少しずつ自分でも買い足しています。
仕事で訪れたフランスで出会い、小物を買ったことから、アスティエ愛がスタートしました。
何を盛りつけても品良くまとまり、一目でアスティエと分かるのに料理は邪魔しないという素晴らしさ。
一通り揃ってきたのでようやく満足してきました。喜んでいただけるので、ギフトの鉄板でもあります。

使いやすい
サイズ感
愛らしい♡に
一目ぼれ!
見惚れる美しい
デザイン

収納がしやすいフライパンと鍋

軽くてとても使いやすいフライパンとゆきひら鍋は、アマゾンで評価が高かったので買ってみたもの。鉄鍋なども憧れますが、毎日使うものだからやはり軽いのが一番！ミルクパンは、ちょっと卵をゆでたり少量のお味噌汁を作ったり、この小さめサイズが本当に便利です。右からセンレンキャスト フライパン20cm／北陸アルミニウム　ミルクパン ポーチカ12cm／野田琺瑯　和の職人 深型ゆきひら鍋16cm／谷口金属工業

照宝のヒノキせいろ

withの連載で中華街に行った時、ワタナベマキさんにアドバイスをいただきながら買ったせいろは、野菜を蒸したり、想像以上に大活躍。蒸している時の香りもたまりません。

GRAND X《グラン エックス》シリーズの土鍋圧力IH炊飯ジャー

見た目もよく、しゃっきりからもっちりまで炊き上がりを選ぶことが出来るし、タッチパネルなのでとても分かりやすく操作しやすいんです。私は断然、もちもち派です。

調理器具

気分よく料理をしたいので、キッチンツールは機能性はもちろんのこと、愛せるデザインも重要な選択ポイントです。

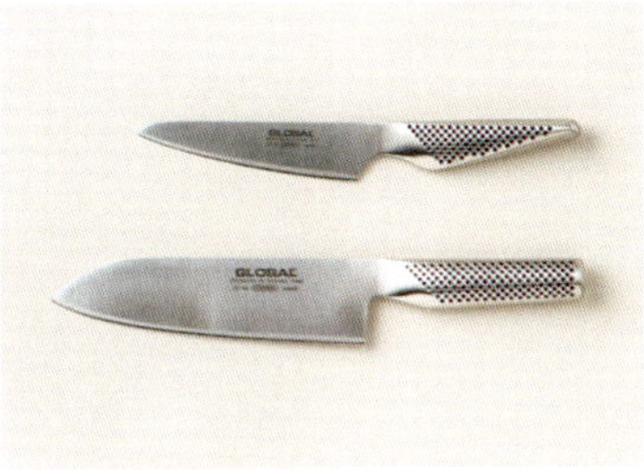

GLOBALの包丁

三徳包丁をずっと愛用していて、ペティーナイフもほしいと思っていたところ、プレゼントしていただきました。GLOBAL ペティーナイフ13cm、三徳18cm／吉田金属工業

SUSgalleryのワインクーラー

ごはんを食べに行った時に、お店で見かけて気に入ったので、ブランドをお伺いし、写真を撮っておいたSUSのワインクーラー。家に帰って早速ネットで購入しました。

おろし器具は用途で使い分け

右から、荒くおろす用の「田宮忠」鬼おろし、中央「長次郎」の鮫皮おろしはわさび用。左「Tsuboe」のおろし金はふわふわさせたい時に。用途ごとに使っています。

亀の子スポンジ

いただいて以来ずっと愛用しています。泡立ちも良く長持ちするし、昔から知っているブランドなので安心。愛用しているのは白です。／亀の子束子西尾商店

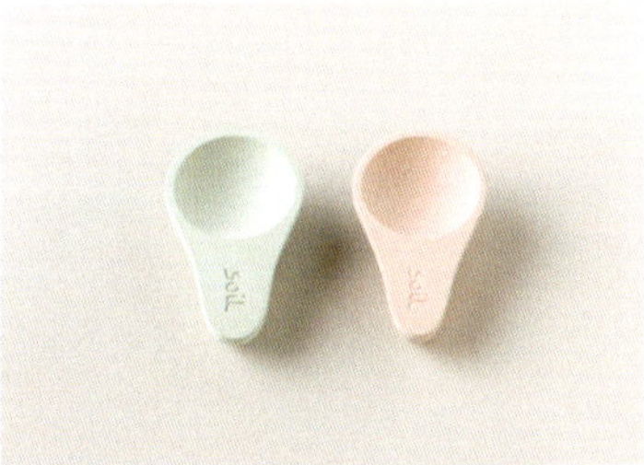

soilのCHA-SAJI

珪藻土バスマットで有名なsoilの茶さじは塩や粉物などの瓶に入れて使っています。湿気を取ってくれる上に色も形も可愛いなんて、一石二鳥で最高です。

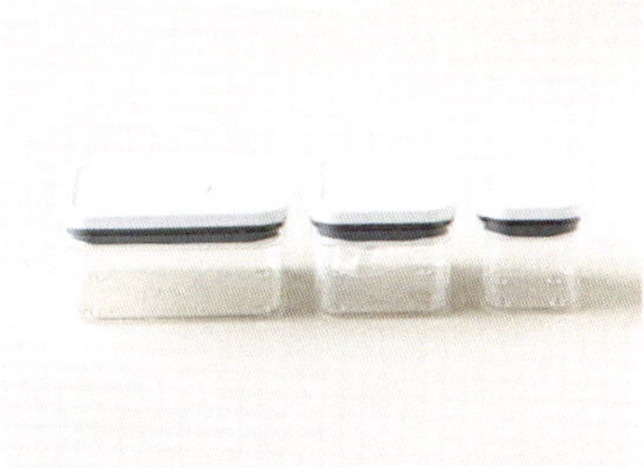

OXOのポップコンテナ

冷蔵庫の中をすっきり収納するため、なるべく同じブランドで統一しています。ポップコンテナ（右からミニスクエア ミニ、スモールスクエア ミニ、レクタングル ミニ）／OXO

＊中央のコーヒースクープは別売り

COSTCOのカーペーパーとキッチンペーパー

ストックが減ると不安になる、この2つ。何でもこのペーパーで拭いています。吸収力が高くて大判サイズなので使いやすいんです。

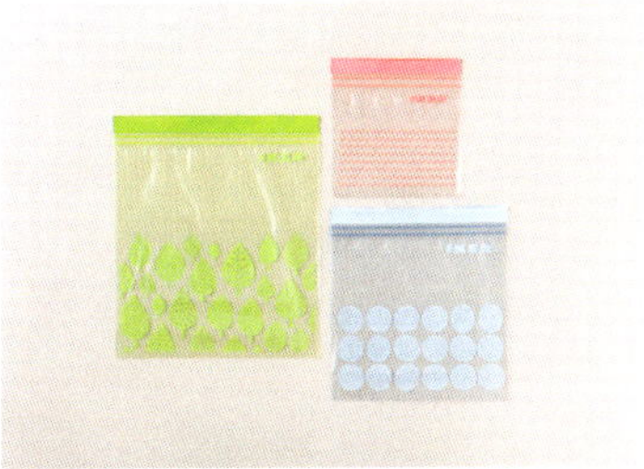

IKEAのジップ袋

キッチンだけでなく、何にでも大活躍するジップ袋もサイズ違いで常備。IKEAのものは柄や色が可愛いので気に入っています。

IKEAの袋止めクリップ

20代前半から使っているクリップは、いまでもずっと愛用しています。サイズ違いでセットになっているところがおすすめです。

希と一緒に
教わろう!

プロに学ぶ料理と家事の豆知識

【料理編】

暮らしまわりのことって、家庭科の授業で習う程度で、
なかなか基礎から教わる機会がありませんでした。
母親の家事の記憶や、日々の生活で得た知識で
なんとなく毎日続けていたことを、その道のプロの方々に
あらためてきちんと教わりました！

1

和食の基本・だし

GUEST／料理家 坂井より子さん

基本的なことを学び直すには、まずは料理から。
今回は「基本のき」であるだしのとり方とだし巻き卵の作り方を
料理家の坂井より子さんに丁寧に教わります。
もう一度きちんと教わり直すと、新しい発見が。

料理や家事は正解があるのではなく、日々の中で自分のやり方を見つけていくもの。

希：だしのとり方や、卵焼きの作り方。そういう料理の基本って、もしかして何か間違えているかも!?　と思うことがときどきあります。

坂井さん：料理は正解があるわけではなく、作る人が自分の好きな味に作ればいいのよ。だから自分だけの味を見つければいいんじゃない？

希：普段は市販の無添加だしを使うことが多かったので、今回はお料理の基本である自家製だしの作り方をきちんと知っておきたいです。

坂井さん：そうよね。では、我が家流のだしを一緒に作ってみましょう。

希：より子さんのお家は、昆布とかつおのだしなんですね。

坂井さん：そうですね、一番頻度が高いと思います。だしは、難しく考えず、ただ好きな風味を出してくれるものを入れて煮立たせるだけ。だしを作る時、私はめんつゆも手作りしてますよ。醤油1、みりん1、お酒カップ1／2、そこに昆布1片（8～10㎝）と、かつおぶし20gを入れて4～5時間置き、煮立たせれば出来上がり。そうめんやお蕎麦、和食料理にと活躍してくれます。

希：美味しいです！　これは絶対作っておいたら便利ですよね。

より子さんの暮らしの知恵

「ビニール袋は畳んでサイズごとに収納」

ビニール袋は畳んで収納することで、サイズがひと目で分かる。

坂井より子さん

自宅で料理教室を主宰。主婦歴40年の経験を生かし、家庭料理の伝授に暮らしの知恵を交えた語りが、さまざまな世代の女性から好評を博す。

「大したことをしているわけではなく、日々の生活の中で少しずつ手をかけて準備しておくことで暮らしやすくなるなら、その方が良いと思いません？」とより子さん。

和食の基本・だし

- □ 基本のだし
- □ だし巻き卵

坂井さん：野菜だしも便利ですよ。にんじんや玉ねぎの皮などを捨てずにとっておいて、だいたい5種類以上の野菜くずがたまったら、それをまとめて煮込むだけ。

希：野菜だしは初めて。こんなに簡単なら定番になりそう。この野菜だしは、カレーを作る時などに使ってもいいですよね。野菜は皮に一番栄養があるって言うし。とっても簡単だからこそ、また作ろうって本気で思います。ちなみに今、冷蔵庫の中が見えたのですが、ねぎは刻んでから保存しているんですね。

坂井さん：そうです。ねぎを買って帰ってきたら、そのまま刻んでから冷蔵庫にしまうの。後からやろうって思わずに。保存容器の蓋に水滴がたまってそれが落ちてくることで腐りやすくなるから、ねぎの上にもキッチンペーパーをたたんで置いておく方がいいのよ。

希：そうなんですね！　そういう豆知識って嬉しいです！　より子さん、卵焼きはだし巻きが多いですか？

坂井さん：だし巻きが多いです。でも、それもバランスよね。他のお料理とのバランスで、今日は卵焼きを甘くしてみようとか変えますよ。

希：なるほど。たしかに、いつも卵焼きが同じ味じゃなくてもいいんですよね。これからは他のお料理とのバランスも考えてみます！

野菜の保存の仕方

レタスなどの葉ものは、買ってきたらすぐに洗い、よく水けを切った後に、キッチンペーパーでくるんで容器に保存。「シャキシャキのまま保存できる上に、食べたい時にすぐ食べられます」とより子さん。葉ものだけでなく、細ねぎは刻んでおき、長ねぎはサイズを短めにカット。蓋についた水滴で野菜が傷むので、キッチンペーパーはとても重要。

「牛乳パックまな板」

牛乳パックは洗って開き、まとめておく。「肉や魚など、まな板ににおいや汚れがつきやすいものを切る時にこれをまな板の上に敷きます。使ったらそのまま捨てられるし、洗い物も楽に」

どんな和食も美味しく作れる

基本のだし

1分煮出しただしをキッチンペーパーとざるで濾します。「キレイな飴色。いい香りが食欲をそそります」

うん！
だしの味わいが
優しくて幸せです

作り方

❶ 沸騰したお湯にかつおぶしと昆布を入れて1分煮出す。
❷ キッチンペーパーをざるにのせて濾《こ》したら出来上がり。

*昆布、かつおぶし、どちらが多い方が自分の好みか探してみてください。
だしは冷蔵庫に入れておけば、3日くらい持ちます。

材料（作りやすい分量）

・昆布　1片（8〜10cm）
・かつおぶし　約30g（ひとつかみ）
・水　1ℓ

だしは冷蔵庫に入れて保存。右が基本のだし、左は野菜だし。

自家製の甘いだしの香りが漂う

だし巻き卵

砂糖とみりんにより甘めの味付けに。「自家製だしで作る卵焼きはふわふわ」

材料（2名分）

- ・卵　4個
- ・だし　大さじ3強（50mℓくらい）
- ・砂糖　大さじ1
- ・みりん　大さじ1
- ・サラダ油　少々

作り方

❶ 卵にだし、みりん、砂糖を入れ混ぜる。
卵焼き器をあたためたら、キッチンペーパーを使って油を卵焼き器全体にのばし、卵液を1/4ほど流し込む。
このとき、おたまを使うと同量ずつすくいやすくて簡単。

❷ 奥から手前に向けてくるくると巻いていく。

❸ ひと巻き完成したら、①のペーパーで油をひき直し、再度卵液を薄く流す。ひと巻き目を少し菜箸で持ち上げるようにして、巻きの境目を埋めるときれいにできる。巻くたび、卵焼き器のあいた部分に油をひくことを忘れずに。

❹ 最後はフライ返しで形を整えると、盛りつけるときに崩れにくい。

2

作りおきと簡単料理

GUEST／料理家 ワタナベマキさん

料理家のワタナベマキさんには、ご自宅にお伺いして、
忙しい人にぴったりな作りおきの二段活用のレシピを教えていただきます。
ベースを作っておけば、いろんな料理にアレンジできる。
毎日の食卓がちょっと豊かになるような、そんな〝使える作りおき〟とは？

わたしの作りおきは下味がついているから毎日の調理が簡単。レシピの幅が広がります。

希：マキさんの提案する〝作りおき〟は、一品の完成品を作りおくのではなく、〝料理のベースとなる食材を作る〟ことなんですね。

ワタナベさん：そうなんです。食材を調味料に一晩漬けることで味がしっかりと入るし、一品作りおきするよりも、それを使って料理を何品か作った方が飽きずに食べ切ることができる。ベースの段階で味を完成させないことで、その後のレシピの幅が広がるんです。

希：一回作っておけば、二度楽しめるのがいいですね。おすすめの作りおきはありますか？

ワタナベさん：今回の鶏むね肉の作りおきはおすすめですよ。白身魚に替えてもいいですし、ベースの食材はどんどんアレンジしてOK。作りおきのために材料を買うというよりは、余った食材やちょっと余分に買ったもので作るのがいいと思います。

希：普段、食材を使い切るために大量に料理を作ったりしていましたが、これなら余った食材も有効活用できそうです。

ワタナベさん：あと、ベースの味は和食なら醤油、洋食なら旨みの強

ワタナベマキさん

元グラフィックデザイナー。仕事にもやもやを抱えた20代後半、好きな料理を仕事にしたいと28歳で独立。最初は事務所のお弁当作りからスタート。色鮮やかで日常に寄り添ったレシピが人気。

「せいろを使っての蒸し料理はとってもヘルシー。今度、おすすめのせいろのお店を教えてください！」とお願いし、後日、マキさんと一緒に横浜中華街にある『照宝』にせいろを買いに行きました。

いナンプラーが良いんじゃないでしょうか。作りおきの段階ではあまり凝ったことをせず、シンプルに作るのがおすすめです。

希：新しいタイプの作りおきを学べて楽しかったです。時間が味方してくれるから、簡単なのにぐーんと美味しくなる。ステキなワザを教えていただき、ありがとうございました！

体に優しいスープ

- □ ビーツのポタージュスープ
- □ 春雨と豚肉のしょうがスープ

温かいお手軽麺

- □ 九条ねぎとお揚げの梅にゅうめん
- □ かぼちゃの煮込みうどん

鶏肉の作りおき

- □ 鶏むね肉のナンプラーレモン漬け

→ 鶏肉のナンプラー蒸し パクチー添え
→ 鶏肉とクレソンのナンプラーご飯

魚の作りおき

- □ さわらのオイスター漬け

→ さわらとたけのこのオーブン焼き
→ さわらと春菊の韓国風サラダ

野菜の作りおき

- □ 春野菜の焼きびたし

→ 焼きびたしと焼き油揚げのおかか和え
→ 焼きびたしの白和え

鶏肉の作りおき

鶏むね肉のナンプラーレモン漬け

【保存容器に入れて冷蔵庫で約4日間保存可能】

材料 (2名分×2)

・鶏むね肉　2枚(400g)
・レモンスライス　4〜5枚
・レモン汁　大さじ2
・ナンプラー　大さじ2
・酒　大さじ2

作り方

❶ 鶏肉は皮を取り除き、切り目を入れて厚さを均一にする。
❷ レモンスライス、レモン汁、ナンプラー、酒を加えてしっかりともみ込み、一晩漬ける。

アレンジ 1

お肉がプリッとして、トゥルン♡

鶏肉のナンプラー蒸し パクチー添え

材料 (2名分)

・鶏むね肉の
　ナンプラーレモン漬け　1枚
・玉ねぎ　1個
・しょうが　1かけ
・パクチー　4本
・酒　大さじ2
・ごま油　少々

作り方

❶ 玉ねぎは繊維に沿って2cm幅に切り、しょうがは千切りにする。
❷ オーブンシートを敷いた蒸し器に玉ねぎ、大きさを2等分した鶏むね肉、しょうがを入れ、酒、ごま油を全体に回しかける。
❸ 蒸気の上がった蒸し器で約10分蒸し、ざく切りにしたパクチーとレモンスライスを添える。

蒸し器がない場合は、鍋に直接オーブンシートを敷いても◎。

アレンジ 2

柔らかくて優しい味にご飯がすすむ

鶏肉とクレソンのナンプラーご飯

ごまはひねり
つぶしながら
かけることで香りが
引き立ちます

材料 （2名分）

・鶏むね肉の
　ナンプラーレモン漬け　1枚
・漬け汁　大さじ3
・しょうが千切り　1かけ分
・白ごま　適量
・米　2合
・クレソン　1束
・塩　小さじ1
・ごま油　大さじ1

作り方

❶ 米は洗って、ざるにあげる。
❷ 鍋に①、鶏肉、漬け汁、しょうが、塩、2合分の水（分量外）、ごま油を入れて蓋をし、強火にかける。
煮立ったら弱火にし約12分炊き、火を止めて10分蒸らす。
❸ 鶏肉を取り出し、食べる直前に、2cm幅に切ったクレソンを加えてさっくりと混ぜ合わせる。
❹ 食べやすい大きさに切った鶏肉とご飯を器に盛りつける。
ごま油少々（分量外）を回しかけ、仕上げに白ごまをひねりつぶしながらかける。

鶏肉は切って炊くと硬くなってしまうため、塊のまま炊くのが正解。旨みが閉じ込められてしっとりします。

魚の作りおき

さわらのオイスター漬け

【保存容器に入れて冷蔵庫で約3日間保存可能】

材料（2名分）

・さわら　2切れ

A
- ・酒　大さじ2
- ・オイスターソース　大さじ2
- ・醤油　小さじ1

作り方

❶ さわらはキッチンペーパーで表面の水けをふく。
❷ Aを合わせて①を2時間〜一晩漬ける。

アレンジ 1

ジュワーッと広がる香りに食欲がわく

さわらとたけのこのオーブン焼き

材料（2名分）

・さわらのオイスター漬け　2切れ
・たけのこ　200g
・パプリカ　1/2個
・酒　大さじ1
・ごま油　大さじ1
・塩　小さじ1/4

作り方

❶ さわらはそれぞれ3等分に切る。たけのこは縦に1㎝幅に、パプリカは種を取り、縦に5㎜幅に切る。
❷ ①を耐熱皿に入れて酒をふり、ごま油と塩を全体にふりかける。
❸ 170℃に熱したオーブンに入れ、25〜30分焼く。
❹ お好みで大葉の千切り（分量外）をちらす。

アレンジ 2

ピリ辛なアクセントが決め手

さわらと春菊の韓国風サラダ

材料（2名分）

・さわらのオイスター漬け　2切れ
・春菊　1/2束
・長ねぎ（白い部分）　6㎝

A
- ・黒酢（米酢でも可）　大さじ1
- ・醤油　大さじ1
- ・粗挽き唐辛子　小さじ1/2
- ・しょうがすりおろし　1/2かけ分
- ・ごま油　大さじ1

作り方

❶ 春菊は食べやすい長さに切り、水にしばらくつけ、水けをしっかりと切っておく。
❷ 長ねぎは繊維に沿って千切りし、水に3分ほどつけてから、水けを切って白髪ねぎに。
❸ フライパンにオーブンシートを敷き、弱めの中火にかける。さわらを入れて焼き目がつくまで焼き、蓋をして約6分蒸し焼きにする。
❹ ①②にほぐしたさわらを加えてさっと和え、合わせたAを加えてからめる。

野菜の作りおき

春野菜の焼きびたし

材料 (2名分×2)

- ・キャベツ　1/4個
- ・スナップえんどう　8本
- ・にんじん　1/2本
- ・かつお昆布だし　300mℓ
- ・醤油　大さじ2
- ・塩　小さじ1/4
- ・酒　大さじ1
- ・ごま油　少々

【保存容器に入れて冷蔵庫で約4日間保存可能】

作り方

❶ キャベツは1.5cm幅のくし形に切る。
スナップえんどうは筋をとる。
にんじんはスティック状に切る。

❷ フライパンにごま油をひいて中火で熱し、①を入れて軽く焼き目がつくまで焼く。酒を加えて弱火にし、蓋をして約5分蒸し焼きにする。

❸ だしに醤油と塩を加えて混ぜ、②を熱いうちに漬ける。

アレンジ 1

油揚げは厚さがあるものがジューシーでおすすめ

野菜と油揚げの香ばしさが最高

焼きびたしと焼き油揚げのおかか和え

材料 (2名分)

- ・春野菜の焼きびたし　1/2量
- ・焼きびたしの漬け汁　大さじ2
- ・油揚げ　1枚
- ・黒酢（米酢でも可）　大さじ1
- ・塩　小さじ1/4
- ・かつおぶし　2袋（5g）

作り方

❶ 油揚げは、中火で熱したフライパンで両面焼き目がつくまで焼き、三角形に切る。

❷ 焼きびたしは汁けを切って、食べやすい大きさに切り、①と合わせる。

❸ ②に、漬け汁、黒酢、塩を加えて和え、かつおぶしを加えてさっと混ぜる。

アレンジ 2

野菜の歯ごたえと豆腐の食感が楽しい

焼きびたしの白和え

材料 (2名分)

- ・春野菜の焼きびたし　1/2量
- ・焼きびたしの漬け汁　大さじ2
- ・絹ごし豆腐　1/2丁（150g）
- ・白練りごま　大さじ3
- ・塩　小さじ1/4
- ・白ごま　少々

作り方

❶ 豆腐はキッチンペーパーで2重に包み、10分おいて軽く水切りをする。

❷ すり鉢に①、白練りごまを加えて滑らかになるまですりこぎなどで混ぜる。

❸ 焼きびたしは汁けを切って、食べやすい大きさに切り、②に加える。

❹ 漬け汁と塩を加えて和え、白ごまをひねりつぶしながらかける。

体に優しいスープ

秋が深まるにつれ出番が増えるスープ。ぐつぐつ煮込んでいる時も、ふぅふぅ食べる時も、心温まり幸せな気持ちに。

カットしたビーツはまな板などに色がつきやすいので注意を。撹拌する際も飛び散らないようにスープの中にミキサーが入ったか確認してからスイッチを。

鮮やかな色が美しい！

ビーツのポタージュスープ

材料　（2名分）

・ビーツ　300g
・玉ねぎ　1/2個
・じゃがいも　1個
・白ワイン　大さじ2
・水　350mℓ
・牛乳　150mℓ
・オリーブオイル　小さじ2
・塩　小さじ2/3
・こしょう　少々

作り方

❶ ビーツは皮をむき3cm角に切る。玉ねぎは粗いみじん切りにする。じゃがいもは皮をむき6等分に切る。
❷ 鍋にオリーブオイルをひいて中火で熱し、玉ねぎを入れて透き通るまで炒める。
❸ ビーツとじゃがいもを加えてさっと炒め、白ワイン、水を加えてひと煮立ちさせる。アクをとってから弱火にして約15分煮込み、牛乳を加えて火を止める。
❹ ハンドミキサー（またはミキサー）でなめらかになるまで撹拌する。再度火にかけ、塩、こしょうを加え、煮立つ直前で火を止める。
❺ 器に盛り、オリーブオイル少々（分量外）を回しかける。

お腹も満たされるボリューム感

春雨と豚肉のしょうがスープ

材料 (2名分)

- 豚ロースしゃぶしゃぶ用　120g
- 長ねぎ　1/4本
- 春雨　60g
- 豆苗　1/3束
- しょうが(皮付きのまま薄切り)　1/2かけ分
- しょうがすりおろし　1/2かけ分
- 紹興酒(または酒)　大さじ2
- 水　400mℓ
- 醤油　小さじ2
- 塩　小さじ1/4

作り方

❶ 春雨は熱湯に5分つけて戻し、水けを切る。
❷ 鍋に水と紹興酒、斜め薄切りにした長ねぎ、しょうがの薄切りを入れ、中火にかける。
❸ 煮立ったら①を加えて約5分煮込む。
豚肉を1枚ずつ加え、アクをとりながら火を通す。
❹ 醤油、塩を加え、根を切り落とした豆苗を入れてさっと煮て、
しょうがのすりおろしを加える。
❺ 器に盛り、お好みで白ごま少々(分量外)をひねりつぶしながらふる。

温かいお手軽麺

麺は小腹が空いた時にさっと作れる簡単メニュー。栄養があるのに、脂っこくなく、お腹もいっぱいになる贅沢な2品です。

さっぱりとした梅干しが食欲を刺激

九条ねぎとお揚げの梅にゅうめん

材料（2名分）

・九条ねぎ　4本
・油揚げ（厚めのもの）　1枚
・梅干し　2個
・酒　大さじ2
・かつお昆布だし　500mℓ
・醤油　小さじ2
・そうめん　3束

作り方

❶ 九条ねぎは小口切りにする。油揚げは三角形に切る。
❷ 鍋に梅干し、酒、だし、油揚げを入れ、中火にかける。煮立ったら弱火にして、梅干しを軽く崩しながら約3分煮る。最後に醤油を加える。
❸ そうめんは袋の表示通りにゆでて湯をきり、器に入れる。②をかけ、ねぎをたっぷりとのせる。

食欲がない日でも
するっと入るような
優しくあったかい味

よく煮込んだ方が美味しいけれど、
煮込みすぎるとかぼちゃが溶けてし
まうので気をつけましょう。

しょうがと味噌、大葉で味わい深い一品

かぼちゃの煮込みうどん

材料（2名分）

・かぼちゃ　150g
・ごぼう　1/3本
・にんじん　1/3本
・玉ねぎ　1/2個
・蓮根　80g
・大葉　6枚
・酒　大さじ2
・みりん　大さじ2
・かつお昆布だし　500㎖
・味噌　大さじ4
・しょうがすりおろし　1かけ分
・白ごま　小さじ2
・うどん　2玉
・ごま油　少々

作り方

❶ かぼちゃは皮をところどころむき、3㎝角に切る。
❷ ごぼうは斜め薄切りにし、水にさっとさらしてから水けを切る。
にんじんは7〜8㎜厚さのいちょう切りにする。
❸ 蓮根は7〜8㎜厚さのいちょう切りにし、水にさっとさらし水けを切る。
玉ねぎは2㎝角に切る。
❹ 鍋にごま油をひき、中火で熱して②③を加える。蓮根が透き通るまで炒める。
❺ 酒、みりん、だしを鍋に加え、ひと煮立ちさせアクをとり、
①を加え、蓋をして約8分煮る。
❻ 味噌を⑤にとき、しょうがとうどんを加えてさらに5分煮る。
火を止め器に盛り、ちぎった大葉をのせ、ごまをひねりつぶしながらふる。

③

食べたくなるお惣菜

GUEST／料理家　濱守球維さん

以前より交流のある料理家、たまちゃんこと濱守球維さん。彼女のモットーは、〝自分が作りたいだけのものではなく、食べる人が美味しいと思える料理〟。時間がたっても、美味しくいただける、〝冬のやさしいお惣菜〟を学びます。

今日の献立はどれも時間がたっても美味しく食べられますよ。

希：この間、教えていただいたドライトマトの和え物を作ったらすごく好評でした。今回は冬のお惣菜ですね？

濱守さん：そう。お野菜が大好きな希ちゃんに合いそうな献立を考えてみました。私は普段、ケータリングの仕事がメインなので、時間がたっても美味しいようにと意識しています。出来立てが美味しいのは当たり前、時間がたってからでも美味しくなるように意識するのは、食べる相手を思いやる気持ちから。

希：どのように献立を考えているんですか？

濱守さん：ん～、なんとなく楽譜を書く気分かな。ちょっと軽い音が足りないなと思ったら梅を足してみたり、重低音が必要だったらお肉を取り入れてみたり。あとは、季節のお野菜を中心に。やっぱり一番美味しいものだから。

希：〝楽譜を書く〟ってすごい！　私も季節の野菜はなるべく取り入れるようにしています。

濱守さん：冬は蓮根とゆり根が美味しいから、そのあたりから作って

濱《はま》守《もり》球《たま》維《い》さん

とにかく美味しいものが食べたいとの欲求から、会社員経験を経て、独学で料理を学び料理家としての道へ。現在は撮影でのケータリング〝たまごはん〟を中心に活動し、大好評！

「濱守さんと一緒に考えた献立」
お気に入りの器でいただく

食べたくなるお惣菜

- □ ゆり根の梅和え
- □ 蓮根鶏そぼろきんぴら
- □ 鮭の粕漬け焼き
- □ 春菊のおひたし
- □ しょうがたらこ

みましょうか。新蓮根は水分を多く含んでいるからすごく美味しいの。よりシャキッと仕上げたいときは酢水に、ほっくり仕上げたいときはお水につけると良いですよ。

希：そうなんですね。調味料はどういう順番で入れていくんですか？

濱守さん：入れた順に味がしみ込んでいくから、一番出したい味を最初に入れるのが大切。

希：今回はきんぴらに実山椒を入れるんですね。

濱守さん：そう。実山椒とごまも白黒2種類入れることで味に層ができる。そうすると、ちょっとひと味違うきんぴらになるのでおすすめ。

希：きんぴらなら素材を替えていろいろアレンジできますね。他にも春菊はゆでずにお湯をかけるだけでOKとか、追いがつおとかちょっとしたことで、ぐーんと味が良くなる。このようなテクニックをもっと早く知りたかった！

濱守さん：お惣菜は味に〝層〟を作れば、時間がたっても美味しく食べられるので、ぜひ試してみてね。

希：春菊はお店レベルのシャキシャキで、粕漬けはお上品な味に。どれもこれも本当に絶品！　自己流で料理してきたから、下処理や調味料の順番など本を読むだけではわからなかったことを学べてとても勉強になりました。盛りつけも、高さを出してあげると料理屋さんっぽくなるなど、使えるテクが満載。さっそく今日の献立を家でも作ってみたいと思います。

たまちゃんのご飯は他とは違うひとワザが利いていて美味しい。素材の味が活きていてお肉メインじゃなくても充分満足できます♪

土鍋の炊飯器で炊いたもっちもちのご飯を合わせて。

甘みが梅でさらに引き立つ

ゆり根の梅和え

材料 （2名分）

・ゆり根　2個
・酢　適量
・梅干し　1個
A ｜・ポン酢　大さじ1
　 ｜・オリーブオイル　大さじ1
・黒こしょう　適量
・かつおぶし　ひとつまみ

作り方

❶ 流水でゆり根のおが屑を落としながら
1片ずつはがし、変色した箇所は削り取る。
❷ ひとまわしの酢を入れたお湯で
約5分ゆで、ゆり根の透明度があがったら
ざるにあげて粗熱をとる。
❸ 梅干しの果肉を包丁で叩き、Aと混ぜ合わせて
和え衣を作る。ゆり根が崩れすぎないようにさっくり
混ぜ合わせ、黒こしょうとかつおぶしで仕上げる。

和える油はオリーブオイルのほうがごま油より軽さが出るのでおすすめです。

透明感が出るまでゆでると、おいものようなほくほく感のなかに甘みが加わります。

真っ白なゆり根の変色している部分は目立つので、面倒でも取ることが大切。

漬け置きした分、旨みが広がる

鮭の粕漬け焼き

材料 （2名分）

・鮭　2切れ
・塩　適量
A ｜・酒粕（ペースト状）　大さじ2
　 ｜・酒　大さじ1～2
　 ｜・味噌　大さじ1
　 ｜・醤油　大さじ1/2
　 ｜・青唐辛子　1本（種を取ってみじん切り）
　 ｜・にんにく　1/2かけ（すりおろしておく）

作り方

❶ 鮭の両面にまんべんなく塩をふり、キッチン
ペーパーで包んで30分寝かせ、余分な水分をとる。
❷ Aの材料をすべて混ぜ、粕床を作る。
❸ 鮭の両面に粕床を塗り、半日ほど冷蔵庫で
休ませたものをグリルで焼く。

鮭を焼くときは、余分な粕床を手で取り除くと焦げつき防止になります。

実山椒がピリッとアクセント

蓮根鶏そぼろきんぴら

材料 (2名分)

- ・蓮根　2節
- ・鶏ひき肉　100g
- ・砂糖　小さじ1と1/2
- ・醤油　大さじ1と1/2
  (2回に分けて入れる)
- ・酒　大さじ1弱
- ・一味唐辛子　適量
- ・実山椒　小さじ1
- ・酢　大さじ1/2
- ・黒ごま　小さじ1
- ・白ごま　小さじ1
- ・太白ごま油　適量

新蓮根は食感を活かすよう
大きめの乱切りにします。

作り方

❶ 蓮根は皮をむき、大きめの乱切りにして水に放ち、でんぷん質を落としておく。
❷ 弱～中火の鍋にひき肉を入れ軽くほぐしたら、砂糖、醤油(材料の半量)、酒の順に調味料を入れ、あらかた火が入った段階で水けを切った蓮根を入れる。
❸ 調味料をからめながら炒める。蓮根の透明度があがったら蓋をする。
❹ 約5分、蓮根から出た水分と調味料を素材にしみ込ませ、状態をみながら残りの醤油を足す。ベースの味が決まったら一味唐辛子、実山椒を入れ味に層を出す。
❺ 最後に酢をまわし入れたら、ごま油を足して味をコートする。仕上げに黒ごま、白ごまをまぶす。

ゆでて冷やすだけ!

春菊のおひたし

材料 (2名分)

- ・春菊　1束
- ・塩　少々
- ・かつおぶし　1/3パック(1g)

A
- ・一番だし　カップ2
- ・塩　小さじ1/2
- ・白醤油　大さじ1(醤油でも可)

作り方

❶ ボールにざるを重ねた中に春菊を入れ、塩入りの沸騰したお湯を上からかけ、香りが立ったら湯を切る。冷水で締め、キッチンペーパーで押さえて水分をとる。
❷ Aの材料すべてを鍋に入れて火にかけ、煮立ったら火を止め、粗熱をとっておく。
❸ ②に春菊をひたし、その上にキッチンペーパーに包んだかつおぶしを入れ(追いがつお)、冷蔵庫で冷やす。

＊追いがつお…料理にかつおぶしの旨みを加える調理法。
かつおぶしでとっただしに、さらにかつおぶしを加えます。

しょうがとたらこが絶妙にマッチ

しょうがたらこ

材料 (2名分)

- ・たらこ　1腹
- ・しょうが　1かけ(すりおろす)

A
- ・煮切り酒　大さじ1/2
- ・醤油　小さじ1

作り方

皮からしごき出したたらこに、
しょうがとAを加え混ぜる。

4

お酒に合うおつまみ

GUEST／料理家 熊谷典子さん
（ネコメシ。／喫茶黒猫）

昔懐かしいおふくろの味を楽しめる
ケータリング&喫茶店を営む熊谷典子さん。
今回はお酒を楽しむための、おつまみを教えていただきました。
日本酒、ワインの他、じつはご飯にもぴったり。
簡単なのにシャレている、和洋ミックスの6品を学びます。

どれも少ない工程でできるので、つきだしとしてもおすすめ。

希：いつもケータリングを美味しくいただいています。

熊谷さん：ありがとうございます。お酒に合うおつまみがテーマということなので、いろいろなお酒を楽しめるよう、和洋ミックスで6品作りましょう。

希：おつまみをプチコースでいただくって新鮮ですね。ご飯に合う料理とお酒に合わせるおつまみって、味付けに違いがあるんですか？

熊谷さん：基本的にご飯には甘みがあるので、料理はみりんなど甘めの味付けが合い、お酒の場合は甘みはおさえめで、やや濃いめの味付けが多いですよ。この柿とかぶの和えものも、ポン酢の量を多くすれば日本酒に、少なくすれば白ワインに合うようになります。

希：合わせるお酒によって、ポン酢の量を調整するんですか!? そのテクニック、すごい！ 柿をくりぬいて器にしたのもオシャレでした。

熊谷さん：果物のおつまみはワインとも相性抜群なんです♥ どう合わせるか迷ったら、たとえば、洋梨の香りのするワインなら洋梨など、ワインの風味と合う果物を選ぶと良いですね。いますごくハマってい

熊谷典子さん
（ネコメシ。／喫茶黒猫）

熊谷さんの料理の師匠は、幼い頃に見ていたNHK『きょうの料理』。2012年に宅配弁当をスタートさせ、またたく間にクチコミで広がり大人気に。現在は喫茶店もオープン。

「つまみは〝日常〟のもの。自由に楽しくちゃちゃっと作れるのが一番！」という熊谷さんの料理はヘルシーだから、罪悪感がないのが嬉しいんです。

日本酒に合わせたコース

□ 柿とかぶの和えもの、ねぎだけ炒り豆腐、ゆで鶏

ワインに合わせたコース

□ 洋梨のホワイトバルサミコ和え、
さつまいものクミン炒め、塩鯖の味噌煮

る料理方法です。

希：今回の料理は、どれも冷蔵庫にある食材でパッと作れて簡単なのがポイントが高いですね。

熊谷さん：はい、炒り豆腐の材料は常備していることが多いのでパパッと出せるはず。ねぎは焦げやすいので、冷たい鍋に入れてから炒めること。そうすることでねぎの香りが立つんです。

希：美味しそうな匂い♪ 油を入れる順番でこんなにも仕上がりが変わるんですね。

熊谷さん：そしてメインのゆで鶏。これは袋に調味料と鶏肉を入れてゆでるだけでとっても簡単。日本酒に合いますね。

希：鶏肉がいつもしっとりしなくて悩んでいたんですが、袋に入れてゆでることで、肉汁を逃さないのがコツなんですね。放置している間に他の料理もできるのが嬉しいです。

前菜は軽めですっきりした日本酒か白ワイン。メインにいくにつれて、重めのものや赤ワインも。左から・GAVI OTTOSOLDI、MONTES ALPHA、ROSÉ DEL BORRO、天青、Sogga père et fils

日本酒に合わせたコース

お酒が好きな人のための、晩酌おつまみコース料理。さっぱり系からメインまであり、和洋ミックスで味のテイストが違うので食べ飽きません。料理に合わせてお酒の種類を変えて楽しんで。

左から時計回りに、鶏肉、ねぎ、かぶ、柿、豆腐、卵、しょうが。どれも、使い切れず少し残ってしまったときに、パッと1品作れるのでおすすめです。柿をそのまま器として使うのがおしゃれでホームパーティーにぴったり。アレンジするなら、同じ色みの食材や味が似ている調味料を合わせるとうまくいくそう。

かぶは半月切りにすることで味なじみが良くなります。茎は小口切り、葉はみじん切りに。柿が硬いようならラップに包んで電子レンジで30秒ほど加熱して。

見た目が華やかでおもてなしにぴったり

柿とかぶの和えもの

◆合うお酒 ＝ すっきりとした日本酒

材料　（2名分）

・柿　2個
・かぶ　小2個（葉は3～4本）
・塩　ふたつまみ（2g。かぶの重量の3%が目安）
・ポン酢　小さじ1～2
（合わせるお酒によって加減を。ポン酢が少ないと白ワイン向き、多いと日本酒向きに）

作り方

❶ かぶは半月切り、葉はみじん切り、茎は小口切りにする。塩もみしてしばらくおく。
❷ 柿はへたのところでカットし、中身をくりぬき、フォークなどでくりぬいた実をつぶす。
❸ ①の水けをきり、②とポン酢を合わせて和える。
❹ くりぬいた柿の器に③を盛る。

ごま油の香りが食欲をそそる

ねぎだけ炒り豆腐

◆合うお酒 ＝ 甘みのある日本酒・熱燗

材料 （2名分）

- もめん豆腐　300g（1丁）
- 長ねぎ　1本
- 卵　1個
- ごま油　大さじ1（日本酒向きに）
- A
  - うす口醤油　大さじ1
  - みりん　大さじ1/2
  - だし　大さじ3
- 塩　少々
- かつおぶし　適量

作り方

❶ 豆腐をざっとくずし、キッチンペーパーで包んで電子レンジで3分加熱する。ざるにあげてそのまま冷ましておく。
❷ ねぎに十字の切り目を入れ、小口切りにする。
❸ 冷たい鍋にごま油、ねぎを入れ中火で炒める。
❹ 香りが立ってきたら豆腐を入れ、さらに炒める。Aを加えて水分がほとんどなくなるまで炒める。
❺ とき卵を回し入れ、少し置いてからざっと混ぜ、味をみて塩で調味する。器に盛り、かつおぶしをかける。

食感が残るよう、かきまぜすぎないのがコツ。

簡単なのにびっくりするくらい柔らかい

ゆで鶏

◆合うお酒 ＝ 甘みのある日本酒、力強い日本酒

材料 （2名分）

- A
  - 鶏もも肉　1枚（約300g）
  - 塩　ひとつまみ
  - 日本酒　大さじ1
  - しょうがスライス　1枚
- タレ
  - しょうがすりおろし　適量
  - オイスターソース　大さじ1
  - 肉汁　大さじ1
- パクチーや薬味　適量
- ポン酢、塩　各適宜
- ジッパー付きの密閉袋　2枚

作り方

❶ 密閉袋にAを入れ軽くもみ、空気が入らないように閉める。さらに袋に入れ、二重にして閉める。
❷ 大きめの鍋に①とひたひたの水を入れ、蓋をして弱火で沸騰直前まで加熱し、そのまま30分置く。
❸ 鶏肉を出してスライスする。袋の中の肉汁はタレに合わせる。器に盛ってパクチーや薬味をのせ、タレを添える。

＊合わせるお酒によって、タレの他にポン酢や塩で食べても美味しい。

袋の上から
もみ込むだけで
本当に簡単！

ワインに合わせたコース

「ワインに合わせるからといって、洋だけにこだわることなく、
和洋それぞれ楽しめます。前菜〜メインにいくほどワインを重くしていく
イメージで、だんだん濃いめの味付けにしていきます」と熊谷さん。

食材5種で3品のコースが完成。

フルーツが簡単におつまみに

洋梨のホワイトバルサミコ和え

◆合うお酒 = 酸味の少ない白ワイン

材料 (2名分)

- 洋梨(桃やマスカットなど、酸味の少ない白い果物なら何でも代用可) 1個
- ホワイトバルサミコ酢 適量
- エクストラバージンオリーブオイル 適量
- レモンの皮 適量(トッピングに)

作り方

1. 洋梨の皮をむき、食べやすい大きさにカットする。
2. ①をホワイトバルサミコ酢で和える。
3. 器に盛り、オリーブオイルを回しかけ、レモンの皮をすりおろしてちらす。

クミンの香りが効いています

さつまいものクミン炒め

◆合うお酒 = こっくりとした白ワイン

材料 (2名分)

・さつまいも　小1本
A
・オリーブオイル　大さじ1/2
・クミンシード　ひとつまみ
・塩　ひとつまみ
・白ワイン　大さじ1/2
・岩塩、粗挽きこしょう　適量

作り方

❶ さつまいもを1.5cm厚さくらいの輪切りにする。
❷ 冷たいフライパンにAを入れて軽く混ぜ、①を並べる。
❸ 蓋をして弱火で加熱する。
❹ 火が通ったら、仕上げに白ワインを回しかけ、水分を飛ばす。
❺ 器に盛り、岩塩や粗挽きこしょうをふる。

＊仕上げの白ワインはお好みで。なくても美味しく仕上がります。

ご飯に合わせるのもおすすめ

塩鯖の味噌煮

◆合うお酒 = 軽め〜重めの赤ワイン

材料 (2名分)

・塩鯖　1切れ
A
・昆布だし　200mℓ
・酒　50mℓ
・しょうがスライス　1枚
・長ねぎ　5cm
B
・砂糖　大さじ1
・醤油　大さじ1/2
・赤味噌　大さじ1
・ニラ　適量(小口切り)
・粉山椒　適量

作り方

❶ 塩鯖は半分に切っておく。
❷ 鍋にAを煮立たせ、塩鯖を入れる。中火で再度沸騰したらBを入れ、そのまま5分煮る。
❸ 容器に②の汁を取り、赤味噌を溶いてから②の鍋に戻し入れ、とろみがつくまで煮る。
❹ 器に盛り、粉山椒をふってニラをのせる。

＊塩鯖は火が通りやすいので、冷凍のものをそのまま煮てもOK。煮るときの火加減や時間は調整して。

今回教わるのは、中医学の知恵である、
季節に沿った食材で体を整える食養生レシピ。
自分の体に必要な食べ物を美味しくいただき、健康を保つ。
体調を崩しがちな夏にぴったりなレシピをご紹介。

5

バテない体を作る食養生レシピ

GUEST／料理家 春井春乃さん（マルサラ飲食店）

悩みに合わせた食事をとると、確実に体は変わってきます。

春井さん：今回は食養生レシピをご紹介します。〝食養生〟と聞くと身構えてしまう人も多いんですが、あまり難しく考えずに、季節の食材を取り入れることから始めてみましょう。

希：食生活アドバイザーの資格をとったときに、旬のものは栄養価が高いと学んだので、なるべく季節の食材を取り入れることを心がけています。夏は特に何を食べるのがおすすめですか？

春井さん：夏は暑さから身を守るために、体のむくみをとったり、消炎効果のある食材を積極的に食べるのがおすすめ。たとえば、むくみをとるウリや、のどの渇きをいやすトマト、熱冷まし効果の高い豆もおすすめですね。他に、夏で好きな食材はありますか？

希：スイカやとうもろこし、きゅうりはよく食べます。あと、なすとズッキーニ、トマトでラタトゥイユを作ることも多いです。

春井さん：蒸し暑い夏場、体にこもった熱を内側から冷ますのにはどれもぴったりな食材ですね。たとえば、トマトは夏バテで滞った気の流れを高めてくれると言われています。夏は体が水滞状態になりやす

春井春乃さん
（マルサラ飲食店）

グラフィックデザイン会社勤務を経て、好きな料理を仕事にしようと転職し、レストランやワインバーで経験を積み独立。マルサラ飲食店では、お酒に合う、美味しくてカラダにいいものが食べられる。ケータリングも行う。

夏が旬の食材を使って、女性の体にいい3品を作りました。菊の花や緑豆など手に入りにくいものもありますが、レモンの皮にしてみたり、小豆やレンズ豆で代用してもいいので、ぜひ作ってみて！

食養生レシピ

- □ 鶏肉と山芋の実山椒煮 菊の花添え
- □ あさりと緑豆のトマトスープ しょうがパクチー風味
- □ スイカと塩昆布の梅和え

く、バランスが崩れがち。冷え性の人ほどむくむことも多いんです。女性ならそこにしょうがをプラスして体の芯を温めると冷え性改善にもいいと思います。

希：しょうがを入れるだけなら簡単ですね。このトマトスープも酸味があって、さっぱりしていてすごく好き。緑豆がこんなに美味しいとは知りませんでした。簡単なのに、味に奥行きがありますね。

春井さん：あさりのだし効果ですね。きび砂糖を使用すると味が丸くなっていいですよ。

希：体のための食事と聞くと質素なものをイメージしていましたが、どれも美味しいし、身近な食材なのに、見たことのない組み合わせで驚きもあって、おもてなしにもぴったり。大好きなスイカでこんな食べ方ができるんだとびっくりしました。デザートで中心部分だけ食べて、皮に近い部分を使えばあっという間に一品作れますね。

春井さん：スイカはむくみとりや体の熱冷ましにぴったりな食材。皮を薄くむいて、ぎりぎりまで美味しくいただいちゃいましょう。むくみには、新陳代謝を良くしてくれる鶏肉もおすすめ。胃腸を丈夫にしてくれる山芋と組み合わせれば、夏バテ予防にぴったりな一品に。夏は体調を崩しやすい季節なので、ぜひ食養生を始めてみてくださいね。

「大好きなスイカに塩昆布と梅を和えるだけでおかずに。火を使わずに簡単にできるので、うちの定番メニューに決定です」

見た目も◎、栄養もある菊の花が鮮やか

鶏肉と山芋の実山椒煮 菊の花添え

材料 (2名分)

・鶏もも肉　1枚(350g)
・みりん　大さじ2
・塩　ひとつまみ
・だし　400mℓ(野菜だしがベスト)
・醤油　大さじ2
・きび砂糖(砂糖)　小さじ1
・実山椒　小さじ1
・山芋(長芋)　300g
・食用菊　適量

作り方

❶ 鶏肉は筋を断ち切るように一口大に切る。
❷ くさみをとるために、①にみりんをもみ込んで塩をまぶし、
おとしラップをするかジッパー付きの袋に入れて冷蔵庫で30分ほど寝かせる。
❸ 山芋は皮をむき、1/3を残して乱切りにする。残りはすってとろろにし、
トッピング用にとっておく。
❹ 鍋に②とだしを入れて中火で熱し、
鶏肉の表面に火が通ったところで③と実山椒を入れて煮る。
❺ 充分に煮えたところで、砂糖と醤油で味を調える。
❻ とろろと菊の花をトッピングする。

＊実山椒はゆでて枝から外して、冷凍保存できます。

みりんの糖分で
鶏肉も
しっとり！

消化吸収の良い鶏肉と胃の粘膜を保護する山芋、
胃腸を温める山椒と消炎・鎮痛作用のある菊の花
の組み合わせで夏バテを予防します。

あったかスープで夏の冷えとり

あさりと緑豆のトマトスープ しょうがパクチー風味

強い熱冷まし効果がある緑豆と、体の熱をとり、消化力を高めるトマトをベースにしたスープ。冷え防止のためにしょうがと気の巡りを良くするパクチーを加えて。

材料 （2名分）

- 緑豆（小豆やレンズ豆でも代用可）　100g
- トマト（中／今回は熟したアメーラトマト）　2個
- あさり　250g
- しょうが　1かけ
- 塩　ひとつまみ
- きび砂糖（砂糖）　小さじ1/2
- ナンプラー　小さじ1
- パクチー　適量

あさりの砂抜きの仕方

バットにあさりを並べ、塩水（水1ℓに対して塩30gが目安）をあさりが浸るくらい入れ、常温で暗いところに30分ほど置く。

トマトは氷水につけると皮がむきやすくなります。しょうがは千切りにしたあと、水につけてシャキッと感アップ！

作り方

❶ トマトの皮に湯むきしやすいよう、外周とへたのまわりに包丁で薄く切り目を入れる。
❷ トマトを沸騰したお湯の中に入れ、少し皮がむけ始めたら取り出して、氷水につけて皮をむく。
❸ 湯むきしたトマトを16等分くらいの一口サイズに切る。
❹ 緑豆をざっと水で洗い、鍋に豆とひたひたになる程度の水を入れて一度沸騰させ、アクが出てきたらお湯を捨てる。もう一度同じ分量くらいの水を入れて沸騰させ、塩とナンプラーを入れ30分ほど煮る。
❺ ④の中に③のトマトときび砂糖を入れ、蓋をして弱火で煮込む。
❻ 汁けがなくなってきたらあさりを入れ、ひたひたになるくらい水を足す。貝が開いてきたら火を止める。
❼ 千切りにしたしょうがときざんだパクチーをトッピングして完成！

夏の体に溜まりやすい熱と湿気を排出させる組み合わせ。抗菌作用があり、吐き気予防やむくみ解消などにも効果あり。

スイカも立派なおかずに！

スイカと塩昆布の梅和え

材料 （2名分）

- スイカ　150g
- 梅干し（はちみつ梅）　1粒
- 塩昆布　5g
- オリーブオイル（和風ならごま油でも）　大さじ1
- 白ごま　ひとつまみ
- 大葉　お好みで7枚くらい

作り方

❶ スイカは黒い筋がとれるくらい（白くなるくらい）皮を薄くむき、種を取って果肉ごと一口大に切る。
❷ 梅干しは種を取り、包丁でたたく。
❸ ①②と塩昆布を和える。
❹ ③をお皿に盛り、上からオリーブオイルをかける。
❺ 細切りにした大葉をのせ、ごまをひねりつぶしながらかける。

6

お弁当のレシピと詰め方

GUEST／料理家 山本千織さん（chioben）

モデル、女優の心を掴む宝石箱のようなお弁当——。
今回のゲストは、みんなが一度は食べてみたいと口にする
「chioben」の山本千織さん。ただ詰めるだけじゃない、
鮮やかなスタイリングと意外性のある味付けで、
まるで贈り物のようなお弁当の作り方を学びます。

生け花みたいに出来上がりを想像しながら詰めるのも楽しいですね！

山本さん：佐々木さんは秋田ご出身ですよね？　先日、仕事で秋田を訪れて曲げわっぱを使ったお弁当作りをしてきたんです。なので、今回は曲げわっぱを使用した、特別な日のための弁当をご紹介します。

希：私も普段のお弁当作りでは曲げわっぱを愛用しています。伝統工芸ならではの美しい佇まいでより美味しく食べられるのですが、曲線の形は詰め方が難しく、悩んでしまいます。

山本さん：曲げわっぱは角を埋めるのが難しいですよね。私のお弁当作りは仕切りがないのが特徴です。なので、崩れないよう、おかずはなるべく固形で用意。コーナーからナナメに押さえていくと隙間なく詰められますよ。

希：サラダやにんじんラペのような細かいものはどうするんですか？

山本さん：おにぎりや固形のもので高さを出して挟むように入れるとしっくりと収まります。おかずのサイズ感を揃えるとより簡単ですね。

希：固形なら品数が多くてもサクサク詰めることができますね。仕切りがないと融通が利くのもいい！　少しずつ違う味を楽しめ、見た目

山本千織さん
（chioben）

料理人としての経験を重ね、2011年にお弁当屋「chioben」をスタート。美しい見た目と美味しさが評判を呼ぶ。著書に『チオベン 見たことのない味 チオベンのお弁当』（マガジンハウス）ほか。

一つのお弁当にこんなにたくさんの食材が入っていることってなかなかない！　見た目にも楽しく、一口ずついろいろな味を楽しめるお弁当をいただいたら、すごく嬉しいもの。野菜もたっぷりだし、味付けがしっかりしているのでご飯も進みます。メイン、それ以外と分けずに詰めていくと見た目の美味しさに繋がるのだと教えていただきました。

にも華やかで、本当に贈り物みたい。

山本さん：お弁当のおかずはそのためだけに材料を買うのはもったいないので、実際にすべてを作るのではなく、残り物や出来合いのおかずをプラスしてもいいと思います。手をかけるのは2品くらい。彩りがキレイだとお弁当の蓋を開けたときに驚きがあって楽しいので、食材で色を取り入れたり、お花や葉などのあしらいを足すと、品数が少なくても充分華やかになりますよ。

希：こんなステキなお弁当、はじめてです。お弁当がこんなに奥深いものとは知りませんでした。今度ぜひ贈り物弁当に挑戦してみます！

お弁当の詰め方

詰め方❶

まずはおにぎりを詰めて土台を作る

まずおにぎりを角に置く。ご飯は下の位置にあると見栄えがよくなります。左上にはメインのおかずであるチキンを入れ目立たせます。隣にはにんじんラペを角を埋めるように入れ、なすで支えます。

⬇

詰め方❷

彩りを意識して端から埋めていきます

続いてはもう一つのメインおかずのブリをご飯の近くに。味が移っても美味しくいただけます。左側にはトレビス蒸しを。色が目立つものは白で挟むとキレイな彩りに。そして、お弁当に欠かせない緑はせりのおひたしで取り入れます。

⬇

詰め方❸

花を生けるようにバランスを整えて

青菜と菊のおひたし、しいたけえびしんじょを真ん中に。仕上げにユニークな形のマイクロきゅうりをのせて。色が寂しいところにおかのりの花などを散らして完成。

主役ではないおかずも前に出してあげることで見た目の美しさに繋がります。

chiobenさんと一緒に考えたお弁当

曲げわっぱに合う贈り物弁当

- □ 鶏むねハーブチキン
- □ ブリのココナツ煮
- □ 白身魚のトレビス蒸し
- □ にんじんのエスニックラペ
- □ なすの揚げびたし
- □ 青菜と菊のおひたし
- □ しいたけえびしんじょ
- □ 紅くるり大根の漬けもの
- □ 紅芋ボール
- □ せりのおひたし
- □ がごめおにぎり
- □ 山椒おにぎり

chiobenさんに教えていただいた「贈り物弁当」は、色とりどりのおかず12品が曲げわっぱの中に美しく詰められた、まさに見た目も味も特別なもの。ここでは、お弁当ビギナーにも作りやすい、おにぎり2種とおかず6品をご紹介。普段なら、おかず3～4品だけでも十分美味しいお弁当が出来上がります。

がごめと山椒のおにぎり

がごめ昆布の粉末と、実山椒の佃煮を使用。お弁当箱の高さから気持ち上にはみ出すぐらいの大きさで握ると見た目のバランスが良くなる。

なすの揚げびたし

なす1本を2cm厚さにカットして、180°Cの油で揚げる。だしカップ1/2にみりんと醤油各大さじ2弱を入れ沸かし、揚げたなすを漬ける。

せりのおひたし

せりはひげ根が付いていたらよく洗い一緒にゆで、水にとって水けをよくしぼりカットする。醤油などお好みで味付け。

青菜と菊のおひたし

青菜とほぐした菊をそれぞれゆで、水にとり、しっかり水けをきって4cmくらいにカットしたものに、だし醤油をかける。

ハーブなどを使うと
冷めても美味しく、
見た目も◎。

鶏むねハーブチキン

材料　(4名分)

- 鶏むね肉　270g
- ディル　4g
- タイム　4g
- ローズマリー　4g
- オリーブオイル　25mℓ
- 塩　ふたつまみ
- こしょう　少々
- ローリエ　1枚
- 白ワインビネガー　10mℓ
- にんにく　1かけ(すりおろし)

作り方

❶ 鶏むね肉を薄くそぎ切りにしてたたく。ハーブ類はすべて葉を刻む。保存容器にすべての材料を入れ、一晩漬け込む。
❷ ①を軽く丸め、170°Cのオーブンで5分焼く。

味見をしてみて
少し濃いなと
思うくらいがベスト。

ブリのココナツ煮

材料　(4名分)

- ブリ　400g
- 砂糖　大さじ3
- 焼酎　100mℓ
- 水　100mℓ
- 醤油　大さじ3と1/3
- ココナツミルク　70mℓ
- しょうが　13g(千切り)

作り方

一口大にカットしたブリをゆでこぼす。
ココナツミルク以外の材料を鍋に入れ、煮つまってきたらココナツミルクを加え、さらに煮つめて仕上げる。

パームシュガーは
砂糖で代用可。
ビンダルーペーストは
お好みでOK!

にんじんのエスニックラペ

材料　(4名分)

- にんじん　200g
- A
  - パームシュガー 40g
  - 白ワインビネガー 17mℓ
  - ビンダルーペースト 5g
  - クミンパウダー 少々

作り方

❶ にんじんをやや太めの千切りにする。
❷ 塩少々(分量外)を①にふり、しばらくおいてしんなりしたら手で水けをぎゅっとしぼる。
❸ Aを混ぜ、②とよく和える。

生活編

歳を重ねるにつれ、外側だけでなく
内側にも気を配ると、自分にとって良い状態を保てる
ということを、日々実感しています。
心をハッピーに保ち、笑顔でいる時間を
増やすことも大事だと思っています。

物の住所を決めておくと片付けが楽になります

リビング、キッチン、引き出しの中、家中のどこでも整理整頓してきれいに保っていたい私。

ストレスなくきれいな状態を保てる方法を日々考え、模索していました。まず実感したのは、物が常に同じ場所にあることがとても大切だということ。誰もが一目で、中に何が入っているか分かるようにしたかったんです。そこで、私はマスキングテープを使っています。例えば、引き出しごとに〝タオル〟などと書いて貼っておくことで、誰もが〝しまう・取り出す〟ことをスムーズに出来るんです。

そして、物を増やさないことも大切。何をするにも、まずはきれいにしてからじゃないと始まらない私は、とにかく断捨離が好き。どんどん捨てたり、誰かに譲ったりしています。同時に、何か新しいものを買うときは、よく考えてから買うようにしています。

ちなみに、テーブルの上は、特にきれいに保ちたい場所なので常に片付けて、ウェットティッシュでこまめにふいています。キッチンも、最後にキッチンペーパーで磨き上げるまでが料理の時間と思って、清潔な状態をキープしています。

洗濯・アイロンがけの基本

GUEST／松延友記さん

家事は料理だけではありません。
洗濯やアイロンがけも日々のこと。
意外と知らない洗濯表示の見方や
覚えておくと便利なシミの落とし方など、
家事が少し楽しくなるワザをマスターしましょう。

洗濯表示をきちんと覚えて、お家クリーニング、やってみます！

松延さん：今回は〝洗濯の基本〟についてお教えしますね。まず、洗濯で何より大切なのは洗濯表示のチェック。家庭で洗えるか、手洗いか、ドライクリーニングなのか等々、その服の洗い方の情報を確認します。

希：なんとなく、感覚で洗っていました。

松延さん：2016年より洗濯表示が変更になったので、なじみがないという人も多いと思います。様々な種類がありますが、基本は桶マークの「洗い」と四角に縦線、横線、丸を組み合わせた「乾燥」を押さえておけば安心です。

希：一見複雑そうですが、ポイントさえ押さえれば意外とわかりやすいですね。また、洗剤の種類がたくさんあるので、何を使えば良いのかいつも迷ってしまうんです。

松延さん：普段の汚れを落とすには、弱アルカリ性の一般的な粉末か液体の洗剤がおすすめです。洗浄力は粉末の方があるんですが、溶けにくいのが難点。そしておしゃれ着やデリケート素材などは中性洗剤を使います。また、みなさんが勘違いしやすいのが洗剤の量。たくさん入れるほど汚れが落ちると思いがちですが、それは間違い。柔軟剤も同じです。洗剤が溶け切らずに繊維に残ってしまい、傷みの原因になります。水の量に合わせた適量を心がけてください。

覚えておきたい最新の洗濯表示

- 液温は40℃を限度とし、洗濯機で洗濯できる
- 液温は40℃を限度とし、手洗いができる
- 石油系溶剤によるドライクリーニングができる
- つり干しがよい
- 日陰の平干しがよい

海外製品が増えたこともあり、2016年に変更になった洗濯表示。ポイントを押さえればすぐに覚えられるので、ぜひ一度確認を。

松《ま》延《つのぶ》友《とも》記《き》さん
（フレディレック・ウォッシュサロントーキョー）

ドイツ・ベルリン発のフレディレック・ウォッシュサロン。ランドリーとカフェが併設されている。東京都目黒区中央町1-3-13 ☎03-6412-8671 コインランドリーは24h、その他のサービスは9:00〜21:00。

洗濯講座 ①

優しく手洗いするのがコツ

ニットの洗い方

実は簡単に洗えるニット。セルフで手洗いできるものも
多いので、シーズンの変わり目にチャレンジしてみましょう。

なぜ中性洗剤を使うの？

アルカリ性の方が汚れは落ちやすいですが、ニットは生地が傷みやすいので中性洗剤がおすすめ。肌着の上から着用するニットはそこまで汚れることもないので、中性がベストです。

入れる量は？

洗剤表示に合わせて。桶で洗う場合はキャップ5～10㎜。意外と少なくて不安になりますが、汚れはきちんと落ちるので大丈夫！

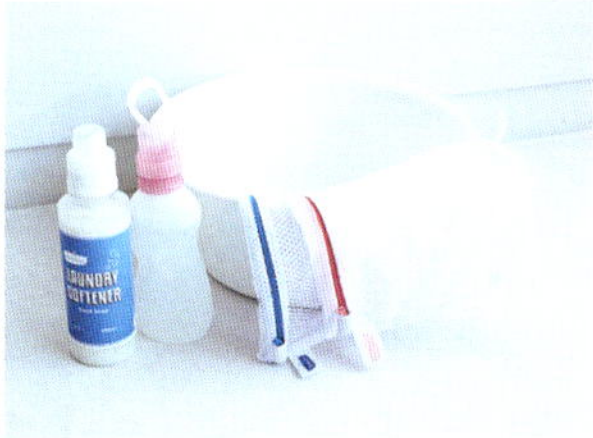

使用するもの

・中性洗剤（おしゃれ着洗い）
・柔軟剤
・洗濯ネット
・手洗い桶
※なければ洗面台にお湯をためてもOK
・平干しネット

色が違うニットを一緒に洗ってもいいの？

時間に余裕があれば別洗いがおすすめ。一度に洗いたい場合は、同系色でまとめて。ただ、初めて洗濯するものは色落ちする可能性が高いので、別々に洗うのがベター。

洗濯できる、できないの違いは？

手洗いNG

手洗いOK

桶マークの表示に×がある場合は手洗い不可。ちなみにⒻはドライクリーニング可で、手洗い表示があればお家での洗濯も可能。

1

まずは洗濯表示を確認

桶マークの洗濯表示で洗濯可能かどうかを確認。ハンドマークは手洗いOK。それ以外に、液温や干し方、漂白剤が使えるかもチェック。

2

桶にお湯をはり中性洗剤を入れる

30°C程度のお湯に、水量に合わせた量の中性洗剤を。多く入れてしまうと生地が傷みやすくなるので適量を守って。

3

たたんだ状態でネットに入れる

直接お湯に入れてもいいですが、より優しく洗いたい場合はネットへ。水平にゆっくり桶に入れて、ニットに水を含ませましょう。

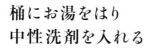

4

優しく
押し洗いする

つけ置きではなく、繊維に洗剤が浸透するように押し洗い。10～20回を3セット。もみ洗いは型くずれの原因になるのでNG。

入れる量はキャップ
5～10㎜ぐらい！

5

すすいだあと
柔軟剤を入れる

ネットから出し、水につけて洗剤を押し出すようにすすぐ。水を4～5回替えてにごらなくなったら、柔軟剤を入れた水につける。

6

平干しネットで
陰干しする

最後にもう一度きれいな水ですすぐ。ネットに入れて洗濯機で1分ほど脱水するか、タオルで水けを吸い取り、日陰で平干しに。

腕が
はみださない
ように注意！

洗濯講座 ②

急な汚れ、どうする!?

急なシミの落とし方

コーヒーをこぼした！　ペンのインクが袖についちゃった！　など、日常にひそんでいるシミの原因。応急処置をマスターすれば安心！

Q.このシミ、どうやって落とせばいいでしょう?
ラーメンのシミ
ソースのシミ
醤油のシミ
コーヒーのシミ
赤ワインのシミ
油性ペンのシミ
ボールペンのシミ
ファンデーションのシミ

A.シミのタイプに合わせて処置します。

シミは大きく分けて3種類。まず、油に溶ける汚れの油溶性、水に溶ける汚れの水溶性と、それ以外の不溶性です。お家にあるものでも落とせますが、あくまで応急処置なので、3回ほどやってもダメならクリーニング店へ。

インクのシミ

使うのは **エタノール**

油性インクの場合に、おすすめはエタノール。シミの裏側からエタノールをかけ、色を別布に移すように歯ブラシで根気よくたたく。水性インクは台所用洗剤と漂白剤を使う。またゲルインクは水にも油にも溶けないので、シミ落としに定評のある専門店に相談を。

水溶性のシミ

使うのは **台所用洗剤**

シミがついた面をタオルにあて、裏側から台所用洗剤をかける。右と同様に、歯ブラシでたたいて汚れを押し出す。洗剤をつける→水で洗うを3回ぐらい繰り返す。落ちない場合は、アルカリ性洗剤を。

油溶性のシミ

使うのは **クレンジングオイル**

ラーメンやファンデなどの油汚れは油で落とすのが一番！　シミが広がらないようクレンジングオイルをつけ、歯ブラシでこすらずにたたくように汚れを押し出して。最後に水で乳化させてすすぎます。

落とし方

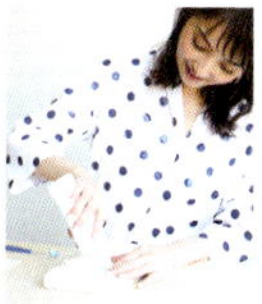

シミをきれいな布にあて、裏側から洗剤をかける。素材によってはNGなので、必ず洗えるマークがついているか確認を。

←

歯ブラシで汚れをたたいて押し出す。ゴシゴシこあすると生地が傷み、汚れが広がってしまいます。根気よく続けて。

←

きれいな水ですすぐ。たたいてすすぐを3回ほど繰り返し、それでも汚れが落ちない場合はクリーニング店へ。あきらめも肝心。

落ちました!

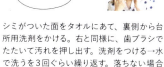

洗濯講座 ③

コツをマスターすれば簡単！

アイロンのかけ方

女性ならできると思われがちなアイロンがけ。自分の分はもちろん、彼や旦那さんのシャツをさらっとかけることができたら、ポイント高いはず。きちんとおさらいしておきましょう。

女性用綿100％シャツ

脱水６分　　　　脱水１分

ポイントは脱水！

アイロンをかける前にまず、衣類にシワができるかできないかに差が出てくる重要なポイントは脱水。通常、洗濯機の標準脱水時間は４～６分。シャツの場合、標準時間設定のまま脱水してしまうと、シワがつきやすくなります。おすすめは１分くらい。脱水中に途中で止めて、軽くほぐして干すとよいでしょう。デリケートな衣類は洗濯機で脱水せず、バスタオルにくるんで脱水するのも手。

使用するもの

- スチームアイロン
- アイロン台
- 霧吹き
- 当て布

このほか、パリッと仕上げたいときはスプレーのりの部分使いもおすすめ。アイロンはスチームタイプが初心者には失敗が少なく、時間短縮になります。

準備

シャツ全体に霧吹きを軽くかけておく

綿のシャツはシワになりやすいので、アイロンをかける前に湿気でシワをとるようなイメージで全体に霧吹きをかけます。先に湿らせることでシワが伸びやすくなります。アイロンの温度設定は、綿100%の場合は高温(160〜210℃)、混合生地の場合は中温(120〜160℃)で。

1

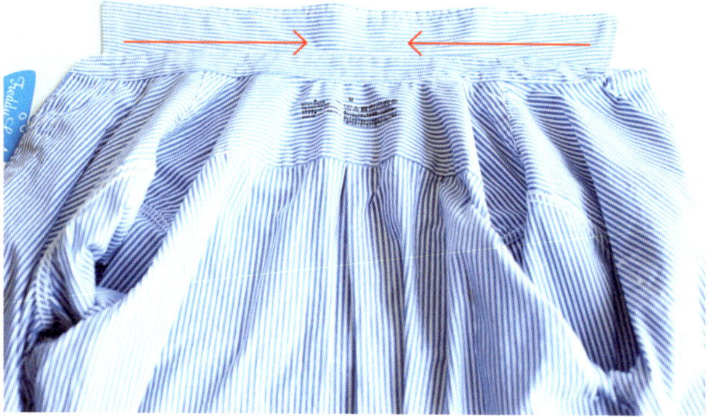

衿にかける

アイロンは細かい部分からかけていきます。アイロン台に衿をシワを伸ばすように引っ張りながらおき、左右の両端から中央に向かってかけていきます。

↓

縫い目を引っ張りながら、

シワが伸びたら折り目を形成させる。

2

袖口にかける

次に、袖口を両端から中央に向かってかけていきます。袖の縫い目の部分を引っ張りながらかけると、生地が伸びやすくなります。

3

袖のタックにかける

袖を裏返しにし、袖口を引っ張りながらタック部分を念入りにかけていきます。タックの端にアイロンの先端がしっかり入り込むまでかけます。そのまま袖全体にかけていきます。

↓

4

前身ごろにかける

前身ごろは上から下に向かって伸ばすようにアイロンをかけます。身ごろをアイロン台の端に揃えておくと、生地が動かずしっかりかけられます。

反対側も同じように。

上から下に向かってかけていく。

前身ごろをアイロン台の端に揃えておく。

↓

5

背中にかける

背中は表にシワがつかないよう前身ごろを広げて、内側からアイロンをかけていきます。片手で生地を伸ばすようにしながらかけると、たるまずキレイに仕上がります。なるべくアイロンの全面を使って、ジグザグに動かしながらかけていきます。シワが伸びにくければ霧吹きで再度湿らせて。

6 ヨーク部分にかける

背中の切り替えの部分をヨークといいます。このヨーク部分を手前に折り返してアイロンをかけていきます。衿を立てて、袖を引っ張りながら衿に沿うようにかけると、たるまずキレイにかけられます。

完成！

アイロンをかける前には、裏側や目立たない部分に
少しアイロンを当ててみて、テカらないかどうか確認を。
色物はテカリやすいので、必ず当て布をしてください。

❶細かい部分→面積が大きい部分の手順。
❷シワになりやすいところは両端から中央に向かってかける（ポケットなども同様）。
❸アイロンはなるべく面を使う。

この3つを守れば、簡単にプロ並みに仕上がります！

リビング

日頃からすっきりと物は少なく。そして、肌に触れるものは気持ちがいいものを。〝いかに心地よく過ごすか〟を大切にしています。

自身のワンマイルウェアブランド〝iNtimité〟への想い

とってもとってもこだわって作っています。私は肌が弱く、とても敏感。縫い目が肌にあたらずチクチクせず、気持ちの良い素材であることが最優先。リラックスして過ごせるけれどきちんと感もある服がほしいと思っていたことから、ワンマイルウェアブランドをスタートしました。私の想いがぎゅっと詰まったブランドです。

気持ちいい靴下は毎日の必需品。ふわふわに足を包んでほしいけれど、足裏もふわふわしていると毛玉になりやすいはず。そこで、足首から上に起毛加工を施しています。ソックス／アンティミテ（アンセミック）

毎日使うタオルは、特にこだわりました。構想から1年。選び抜いた素材は洗えば洗うほど柔らかく、あっという間に乾く、薄くて軽いタオルが完成しました。バスタオル、フェイスタオル／アンティミテ（アンセミック）

LINARIのルームディフューザー

部屋によって香りを変えていて、これは玄関に。帰って来て最初に好きな香りがふわっとすると幸せな気持ちに。リナーリ ルームディフューザー エスタータ／ブルジョン

BPQCのファブリックミスト

リラックスしたい時や友人が遊びに来る時など、レースカーテンやクッションにシュッとひと吹き。BPQCファブリックミスト（フレッシュハーバル）／恵比寿三越

Philips Hueシリーズのライト

よく使う場所にスイッチを設置するだけで、生活動線がぐっとスムーズに。ライトは3色あり。Philips Hue スターター セット v3、Tapスイッチ／シグニファイジャパン

いただきものの花器

リビングのテーブルの上が定位置。重みがあるので、大ぶりの花や枝でも大丈夫。いただいたり、GRANDMAで買ったり、常に花やグリーンを飾っています（本人私物）。

リラックスできるけれど、スタイルも良く見せてくれるワンピースは無敵。その絶妙なバランスを試行錯誤して作ったこのワンピースは、着ているとよく褒めてもらえるんです。普段着にもルームウェアにも。ワンピース／アンティミテ（アンセミック）

ランドリー・バス

掃除や洗濯は好きなのですが、
できる限り、時短を心がけたい。
それには便利なツールを
見つけ出すことが肝だと思っています。

パックスナチュロンのお風呂洗いせっけん

きちんと洗浄してくれて、柑橘系の香りも爽やか。植物油を主体としているので安心。パックスナチュロンお風呂洗いせっけん／太陽油脂

さらさの無添加*洗濯洗剤

汚れがしっかり落ちて、優しい香り。肌に直接触れるものを洗うので、洗剤は慎重に選びます。さらさ／P&G

＊蛍光剤・漂白剤・着色料が無添加

THE LAUNDRESSの衣類用洗剤

ほのかな香りがちょうどいい。(右)シグネチャーデタージェント Lady 475ml、(左)同 Classic 1L／ザ・ランドレス ジャパン

ideacoの蓋つきゴミ箱

小さなゴミ箱は、ペットボトルの蓋用。ミニサイズでデザインもいいので重宝しています。TUBELOR mini flap／イデアコ

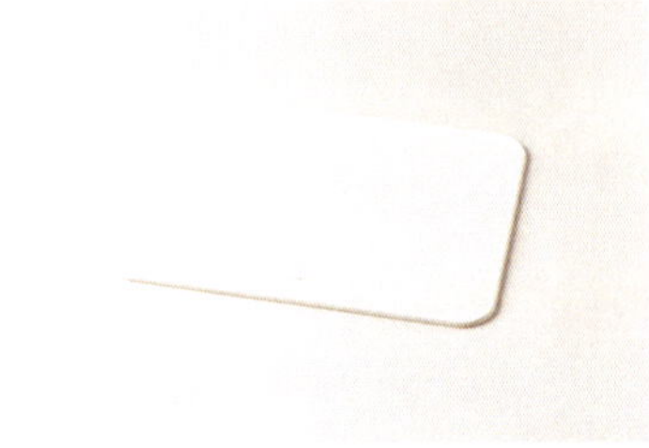

soilのBATH MAT

これは使ったことがある人ならそのすごさがわかるはず(笑)！　吸水力と速乾力がとにかくすごいんです。BATH MAT light／soil

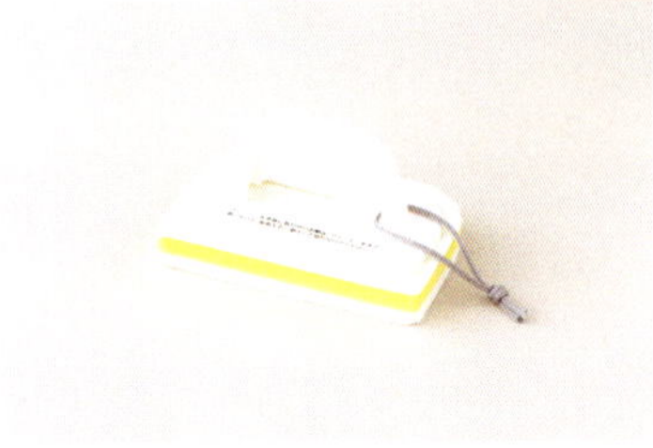

【激落ちくん】のお風呂用スポンジ

持ち手があるのでとても使いやすく、スポンジの取り替えが可能で便利。【激落ちくん】お風呂用(メラミン)／レック

SHIGETAのママン&プチ ベビーマッサージオイル

このオイルは軽いので持ち運びしやすく、バッグに常備。大人も使えるので、共有しています。優しい香りや可愛いパッケージにも癒やされます。／SHIGETA

バッチフラワーレメディのレスキュークリーム

デビュー当時から、肌荒れした時や季節の変わり目で肌がゆらいでいる時、このクリームに助けてもらっています。お守りのような存在。／コスメキッチン & ナチュロパシー

ロレアル プロフェッショナルのヘアオイル

長年、愛用中。なくなると心配になるくらい(笑)。お風呂上がりの濡れた髪に。セリエ エクスパート リスアンリミテッド オイルパーフェクター／ロレアル プロフェッショナル

ステムボーテのローション

顔や全身にバシャバシャ使っています。保湿力がとても高いので、夏はこれ1本で大丈夫。1本で完結する時短スキンケアはすごくありがたい。／エムコーポレーション

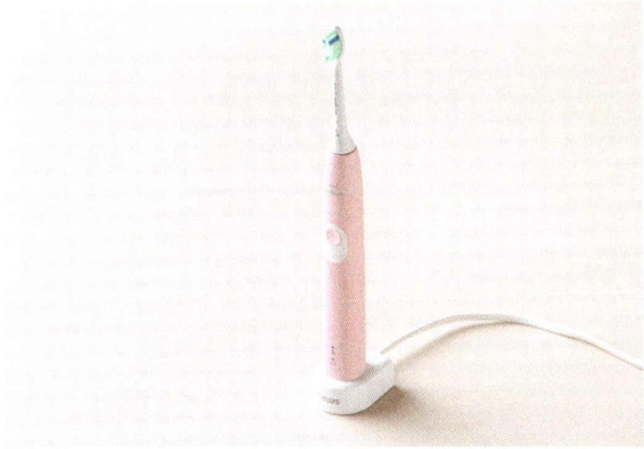

Philips Sonicareの電動歯ブラシ

8年くらい使っています。手で磨くと、磨き残しがあったり、力を入れすぎたりしてしまうので、私は電動派。Philips Sonicare Protect Clean HX6806/65／Philips

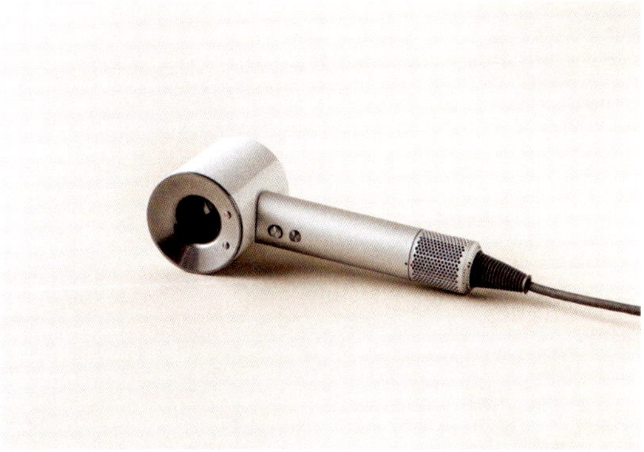

Dysonのヘアドライヤー

風量が強力なので、時短したい人にぴったり。お風呂上がりはどうしても慌しく、早く乾くドライヤーは手放せません。Dyson Supersonic Ionic／Dyson

おわりに

この本にご協力いただいた方々に、まずは御礼を
申し上げます。本当にありがとうございました。

20代の頃とは変わり、今では何事も量より質。
内側から整えるということを、常に意識しています。
そのうえで思うのは、日々の暮らしが人となりを
作っているということ。
この連載を通して、自分の暮らしまわりのことを
もう一度見直すキッカケになり、それは自分を
振り返る、素敵な作業にもなりました。

読んでくださった方にとっても、この本が暮らしを
もっと楽しむキッカケになったら嬉しいです。

佐々木 希

問い合わせ先リスト

[p1・76・92]
ロングTシャツ¥14000／フランク&アイリーン（サザビーリーグ）

[p2〜3・22〜23]
ワンピース¥38000／エンフォルド
ピアス¥12000／ノジェス
エプロン¥6000／アンティミテ（アンセミック）

[p6]
ワンピース¥18000／アンティミテ（アンセミック）
ピアス¥18000／アガット　エプロン／スタイリスト私物

[p24]
タートルニット¥13000／アンティミテ（アンセミック）
ピアス¥32000／アガット
エプロン¥7500／リネンミー（ジェネラルファニシングスアンドコー）

[p28~32]
ワンピース¥38000／エンフォルド
ピアス¥12000／ノジェス
バッグ¥3700／アンティミテ（アンセミック）
エプロン¥7500／リネンミー（ジェネラルファニシングスアンドコー）
ショートブーツ／スタイリスト私物

[p34]
ニット¥15000／ナゴンスタンス
エプロン／スタイリスト私物

[p76〜77,92〜93]
ロングTシャツ¥14000／フランク&アイリーン
ニットパンツ¥39000／デミリー（サザビーリーグ）

[p88〜89]
ワンピース¥18000、ソックス¥2400／アンティミテ（アンセミック）
ピアス¥19000／ノジェス

[表紙・裏表紙]
ワンピース¥32000／ヌキテパ（トゥモローランド）
ピアス¥29000／アガット

アガット ☎ 0800-300-3314
アンセミック ☎ 03-6801-6096
エンフォルド ☎ 03-6730-9191
サザビーリーグ ☎ 03-5412-1937
ジェネラルファニシングスアンドコー ☎ 03-6432-9910
トゥモローランド ☎ 0120-983511
ナゴンスタンス ☎ 03-6730-9191
ノジェス ☎ 0800-300-3315

[p22〜23、p38]
タイガー魔法瓶 ☎ 0570-011101

[p25〜27]
Oisix ☎ 0120-366016
東北醤油 ☎ 0120-393994
馬路村農業協同組合 ☎ 0120-559659
小玉醸造 ☎ 0120-147877
山清 ☎ 0120-512238
鳥寛 ☎ 045-934-2115
八幡屋礒五郎 ☎ 0120-156170
茅乃舎 ☎ 0120-844000
ワイルドカード ☎ 03-5726-1144
伊藤食品 ☎ 0120-412738
H&F BELXカスタマーセンター ☎ 0120-618717
佐藤養助商店 ☎ 0120-411720
フレシャス お客様サポートセンター ☎ 0120-800026
SodaStream コールセンター ☎ 0120-286230
秋田味商 ☎ 018-870-6200

[p38〜39]
北陸アルミニウム ☎ 0766-31-3500
野田琺瑯 ☎ 03-3640-5511
谷口金属工業 ☎ 072-939-2121
吉田金属工業 ☎ 03-6277-8230
OXO（オクソー） ☎ 0570-03-1212
soil ☎ 076-247-0346
亀の子束子西尾商店 ☎ 03-3916-3231

[p89〜91]
ブルジョン ☎ 03-6447-4980
恵比寿三越 ☎ 03-5423-1111（大代表）
シグニファイジャパン ☎ 03-4355-1100
ザ・ランドレス ジャパン ☎ http://thelaundress.jp/
P&Gお客様相談室 ☎ 0120-021321
太陽油脂 消費者相談室 ☎ 0120-894776
レック ☎ 03-3527-2650
イデアコ ☎ 06-6444-3363
コスメキッチン & ナチュロパシー ☎ 03-5774-5565
SHIGETA Japan ☎ 0120-945995
エムコーポレーション ☎ 0120-275554
ロレアル プロフェッショナル ☎ 03-6911-8321
Dyson お客様相談室 ☎ 0120-295731
Philips ☎ 0570-07-6666

撮影協力／
紀ノ国屋　インターナショナル（青山店） ☎ 03-3409-1231

スタッフ

撮影	須藤敬一
	水野昭子［静物］
取材・文	柿本真希
料理協力	竹中紘子（コンディメント）
スタイリング	長張貴子
ヘア＆メイク	高橋里帆（HappyStar）

［連載分］

撮影	須藤敬一［p40〜55,60〜75］
	川島小鳥［p56〜59］
	黄瀬麻以［p78〜84］
取材・文	柿本真希［p42〜45,52〜55］
	池城仁来［p46〜51,56〜87］
スタイリング	長張貴子［p42〜76］
	徳永まり子［p78〜87］
ヘア＆メイク	高橋里帆（HappyStar）［p46〜51,68〜71］
	相場清志（Lila）［p42〜45,52〜55］
	犬木愛（agee）［p56〜59］
	神戸春美［p60〜67,72〜75,78〜87］

アーティストプロデュース	渡辺万由美（TOPCOAT）
アーティストマネジメント	鬼藤真美　今田葵（TOPCOAT）

デザイン	重盛郁美

佐々木 希

1988年2月8日生まれ、秋田県出身。
2006年に芸能界デビュー。
以降CMやテレビドラマ、映画、舞台と活躍の場を広げる。
【Instagram】@nozomisasaki_official

希《のぞみ》んちの暮《く》らし

2019年3月5日　第1刷発行
2019年3月26日　第2刷発行

著者　佐《さ》々《さ》木《き》希《のぞみ》

©TOPCOAT 2019
©KODANSHA 2019,Printed in Japan

発行者　渡瀬昌彦
発行所　株式会社　講談社
〒112-8001　東京都文京区音羽2-12-21
編集　03-5395-3447
販売　03-5395-3606
業務　03-5395-3615

印刷所・製本所　大日本印刷株式会社

落丁本・乱丁本は購入書店名を明記のうえ、小社業務あてにお送りください。送料小社負担にてお取り替えいたします。なお、この本についてのお問い合わせは、with編集部あてにお願いいたします。本書のコピー、スキャン、デジタル化等の無断複製は、著作権法上での例外を除き禁じられています。本書を代行業者等の第三者に依頼してスキャンやデジタル化することは、たとえ個人や家庭内の利用でも著作権法違反です。定価はカバーに表示してあります。

ISBN 978-4-06-515142-6